子最好的起跑线，
父母的远见

羔小羊 ◎ 著

北方文艺出版社

图书在版编目（CIP）数据

孩子最好的起跑线，是父母的远见 / 羔小羊著 . —— 哈尔滨：北方文艺出版社，2019.11
ISBN 978-7-5317-4619-5

Ⅰ.①孩… Ⅱ.①羔… Ⅲ.①家庭教育 Ⅳ.①G78

中国版本图书馆 CIP 数据核字（2019）第 171515 号

孩子最好的起跑线，是父母的远见
HAIZI ZUIHAO DE QIPAOXIAN SHI FUMU DE YUANJIAN

作 者 / 羔小羊

责任编辑 / 宋玉成　赵　芳　　　封面设计 / 主语设计

出版发行 / 北方文艺出版社　　　网　址 / www.bfwy.com
邮　编 / 150080　　　　　　　　经　销 / 新华书店
地　址 / 哈尔滨市南岗区林兴街3号
发行电话 / （0451）85951921　85951915

印　刷 / 嘉业印刷（天津）有限公司　　开　本 / 880×1230　1/32
字　数 / 207 千　　　　　　　　　　　印　张 / 9
版　次 / 2019 年 11 月第 1 版　　　　　印　次 / 2019 年 11 月第 1 次印刷

书　号 / ISBN 978-7-5317-4619-5　　　定　价 / 45.00 元

序 言

"宝贝,妈妈好开心,妈妈喜欢当妈妈!"

两年前,休完二胎产假后,我从国企辞职回家,成为一名全职妈妈,亲自养育两个年幼的孩子。正式全职在家的第一天早上,我兴奋地对孩子们说了上面这句话。

从生下小宝后,刚开始独自带两娃的崩溃忙乱,到随之而来的越来越多的美好风景。

我想,我不是被孩子们捆绑,失去了自我,而是进入了新的生命阶段,我将和我的孩子们一起成长,这真是一个充满乐趣和挑战的过程,也让我发自内心热爱这份伟大的事业——有爱、有意义的育儿事业。

当我有更多的时间陪伴孩子们,更用心地关注孩子们的身心发展,更深入系统地学习家庭教育,也在全职妈妈这份职业上越来越享受和游刃有余时,许多的感触与实践,让我忍不住提笔一一写下。

"作为母亲,最好的角色是什么?""为什么那么多父亲缺位,我们可以做什么?""孩子哭闹,如何正确应对?""为什么要让孩子多见世面?""如何让大宝小宝更相爱?""父母什么样的爱,才是真正的爱？""什么样的教育，才是最好的教育？"……

每一个话题，都可以延伸出很多篇文章。我的文章先后发表在微信公众号"有书""凯叔讲故事""亲宝宝育儿""新东方家庭教育"等平台，被"洞见""读者""武志红""读书有范""悦读""慈怀读书会""国馆读书"等微信公众平台转载。

阅读过我文章的很多家长们，表示受益匪浅，他们对亲子关系、孩子养育、父母角色等，有了更深的思考，也做出了很好的调整。也有不少家长建议我把自己的教育实践和感悟写成书，让更多的家长受益。

正是因这些深爱孩子、信任我的父母们，才有了本书的出版。它根植于父母最迫切的一个需要，那就是在当今这个快节奏的社会，如何让我们的孩子站在最好的起跑线上，如何让我们的孩子跑得更快更稳。

作为一名普通的父母，如果我们目前站的位置已经落后了，那我们还能给孩子最好的起跑线吗？答案是肯定的。

父母的远见，才是孩子最好的起跑线。

孩子最需要的是一个个兴趣班吗？最需要的是火速前进吗？最需要的是学区房吗？都不是。孩子最需要的，来自父母本身。

父母自身的修炼以及对角色的认知，决定着孩子的起点；父母的恩爱以及彼此的成就，是孩子起跑的土壤；父母懂得孩子的成长规律，懂得孩子的心理需要，是孩子助跑的养分；父母的眼界和见识以及培养孩子的方向，是给孩子前进的动力；父母对孩子的呵护，及两宝家庭父母的智慧，可以让孩子在爱中奔跑；父母的人生格局，及恰如其分的爱，可以引导孩子一生不跑偏……

每一对父母，都能给孩子最好的教育，都能让孩子站在最好的起跑线上。

愿每一个读者,都能有所收获。

愿每一个孩子,都能在父母的爱与远见中,获得最好的成长。

祝福您和您的孩子,祝福您的家庭。

目 录

第 1 章
父母的修炼，
决定着孩子的起点

这句误孩子一生的"毒话"，别再说了 / 002

父母遇事不抱怨，是孩子最大的福气 / 008

父母一时的冲动，孩子可能内伤一生 / 013

有趣的父母，是孩子的奢侈品 / 021

放下手机，把时间与爱还给孩子 / 027

孩子是母亲的软肋，更是母亲的盔甲 / 033

别用"巨婴"养育模式，毁了孩子的未来 / 040

第 2 章
父母的懂得，
是孩子助跑的养分

允许孩子哭，比让孩子笑更重要 / 048

孩子的童年只有一次，为人父母请珍惜 / 055

我不只在养孩子，更是再过一次童年 / 060

当孩子说"我不喜欢你"的时候 / 065

孩子屡教不改，不如换一种方式 / 073

允许孩子玩得脏一些吧，好处太多了 / 079

让正确的陪玩，成为孩子记忆中的珍宝 / 087

第 3 章
父母的眼界，
给孩子起跑的动力

别让你的偏见毁掉孩子的一生 / 094

多带孩子外出见世面，孩子更优秀 / 100

父母的见识，决定了孩子交友的格局 / 108

提前告诉女儿：这种男人千万不要嫁！/ 114

培养孩子创造幸福的能力，比什么都重要 / 119

这样养儿子，"皮夹克"变暖男 / 127

儿子成"小棉袄"，暖化妈妈的心 / 133

第 4 章
父母的格局，
引导着孩子不跑偏

这样养孩子，比穷养更可怕 / 140

父母的说话方式影响孩子的未来 / 147

父母有节制的爱，才是真正的爱 / 154

父母具备慢的能力，是给孩子最大的祝福 / 159

父母的不炫耀，是对孩子的保护 / 167

生命教育，是对孩子最重要的教育 / 174

第 5 章
父母的呵护，
让孩子在爱中奔跑

让家成为疗伤的场所，而不是创造更深的伤痕 / 180

母亲的角色，是给孩子温暖的天使 / 186

二孩家长，别让大宝成为"孤儿" / 196

没有欺负小宝的大宝，只有没被爱够的孩子 / 202

"妈妈，你不爱我了吗？"5岁女儿的心声戳哭无数人 / 207

蛋糕的生动比喻，让两宝明白父母的爱 / 215

别再分开带两个孩子了，还给孩子真正的手足情深 / 223

第 6 章
父母的关系，
是孩子起跑的土壤

你的婚姻状态，藏在孩子的性格里 / 232

这样的父母，是最美家庭的模样 / 238

生娃后，爸爸睡哪儿很重要 / 245

父母的关系，藏在孩子的气质中 / 252

愿父母彼此相爱，成为孩子最好的原生家庭 / 259

智慧的母亲，助力父亲的角色 / 265

妈妈适当放手，让爸爸参与育儿 / 270

第 1 章
父母的修炼，决定着孩子的起点

这句误孩子一生的"毒话",别再说了

闺蜜和妈妈大吵一架,妈妈气得离家出走,原因竟为要不要给孩子报第六个特长班!

闺蜜说:"别的小孩都在学,我们的孩子怎能落后?绝不能输在起跑线上!"

可是老人家心疼孩子:"为了送孩子上特长班,你定了十一个闹钟,整个人忙得像陀螺,没时间休息,你多久没陪孩子玩了?孩子多可怜,刚上小学,就上各种班,平时还有作业和练习,压力太大了!"

谁都说服不了谁。

中国社会科学院发布的《社会心态蓝皮书》中,对子女的发展期望,排在中国人九大生活动力的第一位。

对子女有期望是好事,只是许多父母在期望中迷失了自己,一味追求"别让孩子输在起跑线上"。

01

电影《起跑线》中,一对年轻夫妻为了让女儿上名校想尽了

第 1 章
父母的修炼，决定着孩子的起点

办法：

买学区房，走关系贿赂，制作假文件，装穷人骗取贫困招生资格……

妻子米塔说："不能进入好学校，就没有好工作，女儿的朋友就会超越她，她会觉得被排挤，会认为自己是失败者，就会自弃，就有可能开始吸毒……"

深深的恐惧笼罩在夫妻俩的心头。

他们带着女儿，找到顾问学校，看到密集的课程清单后，夫妻俩瞪大眼睛，孩子有时间吃饭睡觉吗？

校长不可思议地看着他们："你们来得太晚了，很多父母在怀孕初期就来了，你们的孩子在很多方面都需要追赶才行！"

"如果孩子进不了顶尖的学校，那她就进不了我国任何一所好的大学，如果她的履历表上填的不是好的大学，那她就不可能进跨国公司上班。"校长一针见血的话，扎中夫妻俩的心。

怕孩子太晚学，会来不及；怕别人跑太快，孩子赶不上；怕现在起点低了，就永远是低起点。这是父母内心最深的焦虑和恐慌。

邻居小女孩璐璐读小学五年级，周末被奥数外语塞满了。璐璐妈妈说："没办法，初中有两个奥数班，要想进这两个班一定要学。"

北京大学教育学院副教授蒋承说："对'教育落后'的恐慌导致每个人都铆足了劲，都想排在前面。没有人甘心孩子屈居人后，所以家长就推着孩子往前，再往前。结果却是水涨船高，弦越绷越紧，所有人都骑虎难下。"

不允许孩子落后，时刻盯着孩子，盯着别人。尤其自认为没有比过别人的家长，更不允许孩子输在起跑线上。

孩子最好的起跑线，
是父母的远见

这样一辈子和别人比较的心理，才是父母为起跑线焦虑和恐慌的根源。

02

只是，有了"非常高的起点"，人生的跑道就真的完美了吗？

李双江的儿子李天一，4岁选入申奥形象大使，同年学习钢琴，8岁学习书法，10岁加入国家冰球队，14岁就读人大附中并留学美国。

完美赢得起跑线优越位置的他，却在2013年涉嫌轮奸案被刑事拘留十年，至今仍在狱中。

澳门科技大学学生薛千里，从小成绩优异，初高中一直担任班长，是学校辩论赛最佳辩手、省级优秀学生干部，与老师同学关系融洽，是妈妈心中的骄傲，身边人学习的榜样。

没想到，大家眼中优异开朗的她却在大学宿舍跳楼身亡。她在最后一篇博客写道：

"即使没有抵达最后的终点，即使没有获得世俗名誉的认可，我仍然是一个成功者。这样想来，自然让自己轻松很多。也许是因为一直以来太累了，为了追求梦想跑得太辛苦，想给自己的懒惰找寻一个冠冕堂皇的理由，才说出上面这番话的吧。"

看到这里，我觉得好心疼，为了不断地"跑"，她承受了怎样的压力！即便她在众人眼中很优秀，但她也需要安慰，需要休息，而不是只看她的成功。

跑得再快、再好，前面总有跑得更快、更好的，父母心中又都以什么为标准，催着孩子必须跑赢起跑线？

即便赢了未来，却也可能输了亲情。

有个妈妈为了孩子拼命地工作。有一次，她开车送孩子去贵族学校住校，临走前，对孩子说："妈妈为了让你以后上名校，需要挣很多钱，所以没有时间陪你。你恨妈妈吗？"

孩子摇摇头："不恨。我长大以后也拼命挣钱，送您去最好的养老院。"

妈妈的心被震住了。

大概，只有到了这些时候，父母才会觉得起跑线真的没有那么重要，孩子平安健康，一家人相亲相爱，才最重要吧。

教育，要量力而行。

如果为了所谓的高起点教育，倾尽财力、精力，一味催孩子快跑，压得自己和孩子喘不过气，却疏于陪伴孩子，疏于道德上的引导，疏于对孩子心理的关注，不仅不会帮助孩子成功，反而会适得其反，甚至造成无法挽回的悲剧。

03

知乎上一位网友，讲了他和父亲之间的故事：

小时候，父亲从不催着他一个劲地学习，也不主动给他报特长班，除非他自己强烈要求学，即便没学多久放弃了也无所谓。

父亲经常带他去爬山，去野外捉虫子、采集植物的种子和叶子，带着他种花，画观察日记，告诉他天上的星星就是一个远方的园丁种出来的花。

烧开水时父亲给他讲热能，讲为什么水能烧开。

父亲带着他一起打羽毛球、排球,学游泳,玩各种游戏,比赛说绕口令,给他讲古代的故事。

家庭经济不宽裕的时候,父亲咬牙给他买了一台电钢琴,他没兴趣学,父亲就自学,没几个礼拜就能自弹自唱简单的歌,他也兴致盎然学起来。

父亲买了各种颜料,和他一起画画,画得满手满脸的花。舍不得买的娃娃、拼图,父亲都和他一起做、画。

这样下来,他从小就对各种学科有着浓厚的兴趣,品学兼优,多才多艺,后来取得美国博士学位,事业成功,家庭美满。

至今他仍和父亲关系亲密,称父亲是世界上最有趣的人。最重要的是,他的生命中充满了乐观和自信,他说:"童年和爸爸在一起的日子,都像自带金色滤镜一样美好。"

事实上,他的父亲工作一直很忙,陪他的时间都是硬挤出来的。

他曾问父亲:"你怎么能有那么多时间带我玩,陪我学这学那,编各种故事。"父亲哈哈大笑说:"所以我才每天跑步,锻炼身体,保持充沛的活力呀!"

这样的父爱实在令人动容,他怀着何等的深爱,几乎用工作之余全部的时间和精力,在陪伴和引导孩子。

有个工程师问台湾作家蒋勋:"5岁的女儿应该学钢琴还是小提琴?"蒋勋回答说:"11点才下班的你多抱抱女儿,比较重要。"

最好的教育、最好的起跑线是父母自己。

父母是否真正在孩子身上花心思和精力?是否给了孩子大量高质量的陪伴,让孩子感受到足够的爱与关怀?是否和孩子一起在不断成长?

这才是决定孩子未来最重要的因素。

而不是简单把孩子丢给各种兴趣班、辅导班，又苛刻要求孩子，逼迫着孩子学习。

04

有人问美国前总统杜鲁门的母亲，是否为自己有一个当总统的儿子感到骄傲？这位母亲回答说："是的。但我还有一个儿子正在田里挖土豆，我也为他感到骄傲！"

好的父母，没有攀比之心，欣赏每一个孩子。

电影《搏击俱乐部》有句台词：

"工作不能代表你，银行存款不能代表你，你开的车也不能代表你，皮夹里的东西不能代表你，衣服也不能代表你。"你就是你，独一无二的你，无须比较的你。

愿我们都不再以外在事物为标准看待自己和孩子，平和对待"起跑线"。

不在乎别人跑得多快，跑的哪条道。

只珍视孩子独特的个性，享受和孩子一起成长，引导孩子在属于他的跑道上，用心跑出风采。这就是给孩子最好的爱，最完美的未来。

父母遇事不抱怨，是孩子最大的福气

01

"海豹人"尼克·胡哲，生下来就没有四肢。在极度震惊痛苦之后，父母接受了事实。

他们开始教他如何在没有四肢的情况下刷牙、洗脸、穿衣、游泳，教他用唯一的"小鸡脚"在电脑上打字。

妈妈告诉他："在任何环境下都要微笑，而且别人盯着你看，你可以主动去和别人搭讪。"

谁能想到后面发生的事呢？

妈妈只想帮助他乐观面对生活，拥有自理能力，他不仅做到了，甚至还成为全球著名的演讲励志大师，出了多本畅销书，影响了无数人，还有了漂亮美丽的妻子、四肢健全的孩子！

原本是无法改变的痛苦现状，收获的却是奇迹和幸福。

这一切，都源于他有着不抱怨的父母，用莫大的信心鼓励他。

而他也就学会了用更多的激情面对现状，寻找更多的方法去获得突破。

第 1 章
父母的修炼,决定着孩子的起点

试想,当初,若是父母一直痛苦和抱怨,他必定也是一样。

也许,当他在被小学同学欺负排斥时,就会选择自杀绝望离世了。

面对环境不抱怨,才会用更多的激情面对现状,寻找更多的方法获得突破。

遇事不抱怨的孩子,没有玻璃心,不会动辄轻生,也不会消沉过日子。反而拥有高逆商,将来进入社会,也能游刃有余。

有遇事不抱怨的父母,才有遇事不抱怨的孩子。反之,亦然。

02

曾经住过的小区里,有一位邻居总愁着脸,很喜欢抱怨。

每次遇见她,她都充满了愤怒和不满的情绪,开口就是:

"我公公太令人讨厌了,给他说了东西要放回原位,每次都忘记!"

"我婆婆管得太多了,烦人!"

"我老公天天像个木头人一样,做什么都不主动,我真后悔嫁给他!"

"唉,孩子太麻烦了,写个作业要把人气死!"

直到有一天,遇见她妈妈,才发现,原来她的抱怨都是从她妈妈那里而来。

她妈妈开口也是抱怨:

"这里的物管太没有责任心了,我刚才路过都看不到人,真是收了钱不办事。"

"好烦，就晚了一分钟，招手了车子还是不停。不知道司机眼睛长哪儿了？"

她也会抱怨自己的家人：

"我们家那位从来不主动做事，懒得不行。说了几十年也没任何反应。"

只要不打断，可以一直抱怨。

在这样环境下成长的孩子，又怎么会不抱怨呢？

知乎上一位匿名网友讲述的经历让人心疼。

回想起自己的童年，他想到的都是不开心的记忆。从小，他就生活在父母都爱抱怨的氛围中；从小，他的内心就充满了压抑。

更令他觉得难过的是，不知道从什么时候开始，他变得和他们很像——遇事的态度是悲观，处理事情的方式是抱怨。更可怕的是，他自己一直没有察觉。

直到有一天同桌突然不理他了，连续几天如此，他忍不住给同桌写了一封信，对方很久后回复说：你总是带给我负能量。

那天回家，他哭了很久，因为他变成了自己讨厌的样子。

从此，他把负能量完全隐藏，在人前表现的都是乐观、开朗。可是他的内心呢？始终充满着焦虑、不安、痛苦。

遇事爱抱怨的父母，带给孩子的伤害，是难以想象的"黑洞"。

03

美国著名作家威尔·鲍温在《不抱怨的世界》一书中写道："抱怨不但不能解决任何问题，还会将人们困于问题当中，使他们沉浸在

第1章
父母的修炼，决定着孩子的起点

失意、沮丧中无法自拔。"

使我们过得越来越不好的，其实未必是那最初的不如意，更多时候是我们在不如意时，选择抱怨带来的结果。

上周末，朋友准备带孩子去邻市她老公上班的地方玩。

急着出门，孩子却磨磨蹭蹭。她一边抱怨老公非要在外地上班，一边火大地猛拉孩子。

孩子哇哇大哭，胳膊一碰就喊疼。

带孩子去医院，排队、缴费、检查，竟被拉脱臼了！既心疼又内疚。

折腾大半天后，急匆匆赶去车站，身份证忘带了！又带着孩子赶回家取身份证。

之前买的票早错过了。费尽周折到达老公的住处时已经很晚了。她身心俱疲，对着老公一顿指责。

老公说："我没问你怎么当妈的，你还说起我来？你那脾气谁受得了？"

两人大吵一架，孩子被吓到了，晚上总是哭，谁都没能睡。

第二天一早，老公接到一个紧急任务，疲惫的他不仅效率低下，还出了大错，被领导骂了一顿，扣了当月奖金。简直糟透了！

这一系列的事件，明明可以避免。如果她在孩子磨蹭时，换一种反应，不抱怨，而是和孩子在打趣中出门，即便稍慢一点也没关系。

仅仅因为抱怨着急，既伤害了孩子，又失去了愉快的相处时光，还带来更多损失。

智慧的父母，要善于透过眼前不如意的处境，看到乐观的地方，如同安徒生童话《老头子永远不会错》中的故事。

老头子牵着家里的牛出去卖，没想到换来的一次比一次更不值钱，最后居然换了一筐烂苹果。

回到家中，老太婆却没有丝毫抱怨，反而在老头子讲述每一次换物时，都充满感恩和兴奋，夸老头子换得好，甚至最后的烂苹果也能帮她一个大忙。最后还给了老头子一个大大的吻。

和老头子同行的英国人因为打赌老头子会被骂而赌输了，给了他们一大袋金币。

当我们停止抱怨时，不仅会使不如意的状态发生改变，更会深深影响孩子。

不抱怨，是父母能带给孩子最好的逆商教育。

我们要努力做不抱怨的父母，给孩子不抱怨的环境，让孩子成长为乐观积极的孩子，在任何时候，不惧怕困难，不灰心失败，有勇气和信心面对任何的挑战。

第 1 章
父母的修炼,决定着孩子的起点

父母一时的冲动,孩子可能内伤一生

01

对待孩子时,父母控制不住的冲动有多可怕?

前几天,闺蜜切切实实经历了至今回想起来都胆战心惊、后怕不已的事情:她差点弄丢4岁的儿子亮亮。

在小区,她叫亮亮回家,亮亮不愿意,一屁股坐地上,怎么都不起来。

一只手提着菜,另一只手去拉亮亮的她,忍不住生气。最后松开手,说了句:"走了!"转身独自进了单元大门。

按往常,孩子很快会跟进来,可这次他竟坐了一会儿后又爬起来玩,根本无视妈妈。

她火冒三丈:"你真以为我不走吗?看我治不了你!"一冲动,上楼了。

十多分钟后,她下楼,天已经暗了。她以为亮亮会在原地哭着等她,没想到楼下竟空无一人。

她蒙了,大声喊亮亮,却没人回答。

她沿着小区的每条路找，内心充满了恐惧，恨不得扇自己的耳光："孩子才4岁啊，我怎么会那么冲动？那么心大真把他丢下？"

万幸的是，在一个转弯处，她遇见了亮亮，被一位婆婆牵着。

婆婆说看见亮亮一个人在小区，问他家在哪里，送上去，家里却没人。她正准备先把孩子带回自己家。

婆婆十分不解："你们怎么会在小区走丢？要是孩子自己跑去其他地方了咋办？要是被坏人带走咋办？"

闺蜜搂着亮亮，不停流泪。

她说："那一刻，是我这辈子最后悔的时候。"

02

奥斯卡最佳动画短片《包宝宝》中，包宝宝不听妈妈的话，执意搬出去住，妈妈突然愤怒地抓住他，一把吃进了肚子里。

流泪的神情、躺床上几天不吃饭，表明了妈妈有多后悔。

她多疼他啊，意外看见包子变成了小宝宝，她爱得不得了。

她从没想过他也会长大，会离开她，更没想到有一天，她会因为冲动吃了他。

尽管现实没有这么夸张，但父母冲动对待孩子的事比比皆是：

"有一次，我急着带孩子出门，孩子偏不起床，我生气地使劲一拉，孩子手脱臼了。"

"晚上叫孩子洗漱，他怎么都不动，我的火一上来，把牙杯摔成了两半。"

"孩子读初中，有一天说我不会当父亲，我平生第一次甩了他一

第 1 章
父母的修炼，决定着孩子的起点

巴掌。"

"陪孩子做作业，她不专心，气得我把她作业本给撕了。"

……………

大多数父母都小心呵护着孩子，可免不了的是，在爱孩子的过程中，常常因为发怒，冲动对待孩子。

孩子被打过的身体会复原，而心灵所受的伤害，却是难以愈合的。

一位知乎网友说：小时候，妈妈哄她睡觉时，如果时间稍久，她还没睡着，妈妈就会突然暴怒，对她吼："这么久了还不睡？那你自己睡！"然后冲出房门。

她总是充满恐惧，害怕妈妈真的不要她了，撕心裂肺大哭着找妈妈。

从小她就非常易怒暴躁，一点小事都会让她大声尖叫，跑得很远。在学校，她也是最受不了批评，最令老师头疼的学生。长大后，她在睡觉时也时常容易感到焦虑，长期失眠。

心理学者马修·麦克凯博士说：

"家长经常忍不住在孩子面前发火的家庭，相比安静的家庭，孩子往往在与人相处时，表现得更强势和容易情绪低落，学校表现也更差。愤怒，会毁坏小孩子对社会的适应能力。"

我们常低估了冲动行为背后，孩子内心会刻下多深的烙印，性格会受多大的影响。

03

一位妈妈说："有无数次因为孩子某个小小的举动，心中那团火苗'蹭'地就蹿起来了。"

对很多父母来说，这时只要控制住不在行为上伤害孩子，就没事，言语上吼骂几句不要紧，毕竟只是一次情绪发泄。

孩子的真实感受，却令人心痛。

绘本《妈妈发火了》中，小山午饭时动作慢了、洗脸时玩起了水花、把画画到了墙上，妈妈爆发地大吼："我要被你气死了！"

小山手脚不停发抖，突然消失不见。

妈妈翻山越岭，终于在一个城堡看到孩子的影子："小山！"

对方却说："我不是小山，我是小闹闹。""我不是小山，我是小泡泡。""我不是小山，我是小涂涂。"这些都是她在发火时对小山的定义啊！

"妈妈每次生气，我都会好害怕。但我真的好爱好爱妈妈。"影子瑟瑟发抖地说。

妈妈哭着说："对不起，小山。"消失的小山终于回来了。

当父母发火冲动时，孩子不仅想要消失，五脏六腑也如同被震碎了。

《托儿所》节目中，儿童心理学博士托德说，此时孩子的身体部位好像分裂成了六份，它们也代表着孩子的六种心理：

脑袋代表着注意力：如同飞到宇宙，因为被妈妈愤怒冲动对待的孩子，会变得不知所措，一点也记不住你说的内容，只记得你凶过他。

身体代表躯体感觉：如同掉进大海，象征着孩子的肠胃翻江倒海，身体很难受。

双臂代表安全感：如同飞到老虎身上，意味着孩子的安全感已经被破坏，家里如果没有另一个人保护他，他会感到绝望，只想逃跑。

嘴巴代表语言：如同落到山顶上，孩子虽然有好多话想说，可是他的语言被禁锢，只能沉默。

屁股代表自我评价：如同被扔在嘈杂的大街上，很多人指指点点，意味着孩子不断被否定，最终变得懦弱和不自信。

双脚代表情绪：孩子只想逃走，可是他只有脚，没有方向，迷失在沙漠中。

父母只是冲动一时，孩子却内伤一生。

04

放下控制之心，接纳孩子的特性

尹建莉的女儿初中时，迷上了《还珠格格》。

许多父母会想：这还了得？万一影响成绩怎么办？万一学电视里谈恋爱怎么办？许多冲动因此产生。

尹建莉却说：这个年龄段的孩子都喜欢看这些啊！

她没有控制女儿，反而尊重和信任她，让她自己安排时间。

女儿居然巧妙地做到了三不误：放学先练琴，吃完饭，看电视时，放广告的时间段把作业写完。不仅没有影响孩子成绩，反而提高了学习的高效性和专注力。

父母记得自己曾经也是孩子，理解孩子的成长之路，会避免许多冲动。

懂得"冰山理论"，了解问题背后的原因

心理学有个"冰山理论"：我们往往因看到孩子表面的问题而冲

动,但那只是冰山的表层。

有一次,我带孩子们逛街,4岁多的果果挑选了两张贴纸,其中一张给我,依依伸手要,我顺手给了。

没想到,果果生气地大喊:"不许给妹妹!还给我!"

我心烦:"你有一个贴贴了,再给妹妹一个怎么了?而且你给妈妈了,就是妈妈的!妹妹要,妈妈可以给她!"

果果捂着耳朵,大哭大闹跑到一边。我当时特别冲动地想对她大吼一通,说她太不懂事。

在这一瞬间,我突然尝试去理解果果的感受,才意识到:她的哭闹有理由啊。

她精心挑选了两张贴纸,一张给自己,一张给妈妈,希望妈妈能够喜欢。

可妈妈却毫不在意地直接给了妹妹,还是经常会和她争宠的"情敌"!

换了谁都会难过愤怒。

我一点气都没了,取而代之的是心疼和歉意。

走到果果的面前,我蹲下来,对她说:"对不起,妈妈没有考虑你的感受。你送给妈妈这个贴贴,妈妈好喜欢啊,谢谢你!"

果果不再哭,安静了下来。

后来,她没有再要回贴纸,而是愿意和妹妹一人一个,其余的依然送给妈妈,还主动牵着妹妹的手回家。

当我们专注于孩子的内心,看到底下真正的冰山时,面对孩子会平和许多,也才能真正解决问题。

父母的焦虑，别让孩子埋单

有网友说："我每次控制不住对孩子冲动时，都是因为自己遇到了压力，心里很烦躁和焦虑，不自觉就发泄在了孩子身上。"

可孩子不该为父母的焦虑埋单啊！

遇到事情，努力寻找办法解决，使自己在孩子面前不泄愤、不冲动，不让孩子承受不该有的委屈和伤害，是为人父母该有的担当和责任。

如果，我们没有控制住情绪，一时冲动对待孩子，一定要跟孩子道歉。

每一次父母的道歉，都是对孩子伤口的包扎。

也时刻记住，孩子柔软的内心，需要我们小心呵护。

网上一位妈妈为女儿读《大嗓门的妈妈》绘本时，读到结尾处企鹅妈妈说："对不起。"她问女儿："小企鹅会原谅妈妈吗？"

女儿回答："会呀，因为她爱妈妈。可是，小企鹅还是很痛很痛啊！因为她的身体是缝起来的。"

05

看过一句扎心的话："孩子小的时候，别把他的稚嫩和软弱当作软肋，用自己的愚昧和无知透支孩子成长的岁月。孩子长大了，内心的阴影面积和那些回不去的弯路，就是还不起的代价。"

一次次震碎孩子的心，让孩子"消失不见"，最开始还能不断缝起来，找回孩子；有一天就会真正支离破碎，孩子的心也再难挽回。

放下对孩子的控制之心,别再轻易冲动。

多接纳他,理解他,抱抱他,爱他。你会更平和,更笃定,育儿生活会更快乐,更享受,孩子也会更快乐健康地成长。

有趣的父母，是孩子的奢侈品

01

前两天，听一位朋友分享自己童年的经历，让人很心疼：

小时候，有一回，她和好朋友用树叶和石头做好了"饭"，同时兴奋地端去给各自的妈妈吃。

两位妈妈却同时做出了完全不同的反应。

好朋友的妈妈表现得很惊喜，接过来说："哇，看起来好好吃呀，谢谢宝贝。"假装吃得很香。

而她的妈妈，在同一瞬间一挥手把树叶全都打翻，说："吃什么吃？这么脏？"表情十分不屑。

她愣在了那里。那一刻，她的心像碎了一样。

她说："从此以后我很自卑，觉得自己的想法就是不能被接受的。和妈妈的关系也非常疏远。"

父母不懂得参与孩子的世界，不理解孩子的世界，甚至嘲讽孩子的世界，对孩子来说既无趣又受伤。

02

有趣的父母,是孩子生命中的奢侈品。

《小王子》中有各样的大人,小王子不懂他们的世界,他们也不理解小王子。

书中说:"所有的大人起先都是孩子,虽然,只有少数人记得。"

好友在学业和事业上看起来都很成功,名牌学校毕业,工作后不到两年就升职经理。

但是她说,她不快乐,很不快乐。

她心里常常会很害怕,一旦不努力,就会被别人甩在后面,所以她不敢好好吃饭,不敢好好放松,她像闹钟一样随时拧紧着发条。

一切来源于她的小时候,父亲对她永远只是一个要求:"好好学习。"

小时候,她似乎从没有玩过。

当别的小朋友都在楼下玩的时候,她只能待在家里写作业,她好想出去玩,可是父亲不同意,说:"你的时间只够学习,别人玩,你学习,这样你才能领先别人。"

很多个日子,在写完作业后,她就默默地站在窗户边,听着窗户外小朋友的笑声、闹声,心里好羡慕好羡慕,好想能够长双翅膀飞出去。

"过去的生活无趣,现在的生活也无趣,我曾抑郁过。但我无力改变,也不敢改变。"外人面前风光的她,却说出这样一番心酸的话,令人心疼不已。

孩子的世界应该是充满欢乐,充满游戏,充满幻想和色彩的。

无趣的父母,自己的世界只有灰白两色,也要求孩子的世界如此，抹杀了孩子的心性与生活真实的乐趣。

知乎上有个热门帖子："有趣的高晓松和无趣的吴彦祖，你会选谁？"

高晓松的有趣是公认的，在《晓说》《晓松奇谈》《奇葩说》中，他的幽默风趣常常逗乐众人。

他心态豁达，乐意接受自己的绰号"矮大紧"，时不时拍点大脸照。

在教育女儿上，他平和开明，"愿你一生温暖纯良，不舍爱与自由"。

还很有趣的是，他曾在微博上传了一张女儿Zoe笑盈盈拿着名字卡片的照片，称："今天她隆重获得了长期抗争才取得的民主权利：家庭事务投票权。年方二二，长势喜人，老怀大慰……"

事实上，高晓松的趣味来源于他有一个有趣的妈妈。

妈妈说："这世界不只有眼前的苟且，还有诗与远方。"

在给妈妈的一本书作序时，他讲道：

"妈妈总是充满乐趣地写写画画，如她乐观的性格一样情趣盎然，让人无法释卷。"

妈妈从小教他琴棋书画，会领着年幼的他和妹妹，在颐和园长廊讲每幅画的意义，在每一座有对联的古老房子前读那些文字，在门厅回廊间让他们猜下马石和拴马桩的作用。

他写道："谢谢妈妈，在给了我生命，给了我生活的道路和理想后的很多年，又一次给了我做您儿子的幸福与骄傲。我爱你。"

有趣的父母，会让孩子感受到充分的爱与自由，让孩子拥有快乐多彩的童年，形成积极乐观的性格、豁达平和的生活态度。

03

有父母说:"每天很累,很辛苦,实在有趣不起来。"

其实做有趣的父母,并没有那么难。

试试转变一些观念,把眼光放远,试试进入孩子的世界,同样能放松自己。

收获的不仅是孩子美好的成长,自己也能再过一次童年,能够重新感知生活的多姿多彩。

有趣的父母,懂得享受生活

前些天,在朋友圈看到好友晒出给孩子做的食物,花样多变,好看又好玩,真是令人忍不住流口水。

好友说:"带着孩子做饭,一起把饭菜弄成各种模样,真是一件充满乐趣的事。"

她常常带着孩子一起感受生活的细微时光,甚至一起晒太阳。也把握生活中的每个时刻,连边陪孩子聊天,边带着孩子一起整理房间,也觉得是非常享受有趣的事。

孩子常常非常自豪地向朋友介绍自己的妈妈。

在感恩节还给妈妈写信:"谢谢世界上最好的妈妈,让我每天都很开心。"

有趣的父母,愿意进入孩子的游戏

钱钟书很爱和女儿玩游戏。在女儿媛媛小的时候,每天睡觉前,都会在被窝里"埋地雷",一层又一层。

当媛媛钻进被窝时，就会因为各种各样的"地雷"而尖叫，他便会哈哈大笑。

"地雷"的种类有玩具、镜子、刷子、砚台甚至大把的毛笔，他恨不得把扫帚、簸箕都塞进媛媛的被窝！

两人天天玩竟然也不觉得厌倦。

台湾亲子专家李长安说："称职的父母，要善于进入孩子的世界。"其中最首要的就是进入孩子的游戏世界，学会把自己变成小孩子。

有一回，我和果果玩游戏时，玩能跳的小弹珠，果果让我当守门员，接住弹珠，我就觉得自己好像真是守门员。

看见弹珠跳过来，紧张地做好姿势，接住后，兴奋地喊着："接住啦！"

玩一遍，又一遍，再一遍，重复十遍也觉得很有趣。

在小区的一棵树下，发现一个水龙头漏着水，已经滴出来了一个特别小的水池。

果果说："妈妈，你觉得这里面有没有小美人鱼，就像朵拉里面那种？"

我说："很可能她们在隐藏的城堡中！"

于是开始了一场童话故事的接龙，真有意思！

有趣的父母，愿意花心思陪伴孩子

如果我们不能成为有趣的父母，就请允许孩子的世界有趣，多给孩子空间和玩耍的自由。也尽量用有趣的眼光，打量孩子的一切，允许孩子慢慢成长。

艺术大师丰子恺，在面对孩子们的调皮，甚至把他最喜欢的写作桌弄得乱七八糟时,他也丝毫不生气,而是觉得这是孩子本真的流露,令人羡慕。

他说:"要求孩子的举止如同自己一样谨慎、穷屈、揖让、规行、矩步,是何其的乖谬!"

而七个孩子中最爱哭闹的瞻瞻,在他眼中却是最令人佩服的、身心全部公开的真人,还把瞻瞻的各种哭画成了漫画。

他不是在溺爱孩子,而是在同理孩子。

有趣的父母,带给孩子的是心灵上的自由,情感上的满足,成长中的快乐。

在这样环境下成长的孩子,长大后个个颇有建树,也和父亲的关系十分亲密融洽。

丰子恺说:"要保留、培养孩子的一点痴呆,直到成人以后。因为这痴呆就是童心。童心,在大人就是一种'趣味'。"

愿为人父母,我们都能为孩子保留这份童心,都能有一种趣味。

能够让有趣贯穿孩子的童年直至一生,让他的人生像开满鲜花一样,美好、灿烂、乐趣十足。

愿有一天,有趣的父母,不再成为孩子的奢侈品,而成为孩子的必需品。

放下手机,把时间与爱还给孩子

01

如果孩子和手机只能选一个,你会怎么选?

这个命题抛出来,所有的父母可能都是这样的反应:

有毛病,这还用问?肯定是孩子啊!

事实真的是这样吗?

朋友圈曾疯传一个揪心的视频:

贵州铜仁,女孩妈妈抱着大哭的孩子,孩子的左腿小腿以下已经完全没有了,鲜血直流。

作为两个女儿的妈妈,我实在没有勇气打开视频,单单看图片,就心痛不已,孩子撕心裂肺的哭声仿佛就在耳边。

小女孩为什么会被城市公交车碾轧受伤?

因为妈妈在街上看手机。

显然,这位妈妈心里想的是选孩子,手上却不由自主地选了手机。

在孩子和手机中选了手机的不止这位妈妈,还有下面这个父亲:

湖南株洲,一位父亲在马路上忙于翻看手机而疏于照看儿子,

> 孩子最好的起跑线，
> 是父母的远见

3岁的儿子被货车碾轧当场身亡。

每年有二十万14岁以下的孩子意外身亡，其中，家长玩手机导致孩子死亡的比例惊人。

2016年4月，六安一名2岁的孩子被车碾轧身亡，当时，孩子的妈妈在一旁看手机。

2017年8月，四川5岁女孩与妈妈回家途中跑到公路上，被公交车撞倒碾轧身亡，全程，妈妈在看手机。

西安某温泉世界，4岁男童泳池溺亡，挣扎三分钟无人发觉，近在咫尺的妈妈竟然在玩手机！

当你玩手机的时候，孩子可能已经离危险很近了！

02

有些父母会认为：我都玩手机很多年了，孩子不是好好的？别耸人听闻！

没错，这就是大多数中国孩子的现状：体格可能健康，但对父母心死了。

中国《国民家庭亲子关系报告》显示家庭亲子关系存在七大主要问题，其中重要的一项就是：手机是导致父母与孩子关系破裂的头号杀手。

80后公务员文先生在微信朋友圈发布的8岁女儿苗苗的日记，令人心酸：

"今天晚上，妈妈本来应该在睡前讲个故事的，但是她在讲故事的时候，又玩了四次手机，讨厌。"

第 1 章
父母的修炼，决定着孩子的起点

"爸爸为什么在吃饭的时候还在看手机，我本来想告诉他，我今天拿了个红花的……"

苗苗说，这种情况她的大多数同学都会遇到：父母无论在干什么，手里都会攥着一部手机，"有些同学的父母就是在陪他们玩的时候，也一定会抽出一只手看手机……"

北京卫视一档节目中，7岁的浩浩要唱一首叫《父亲》的歌，献给爸爸。古巨基问浩浩："为什么会选这首歌？"

浩浩说："我要告诉你一个秘密，就是我爸爸是个爱玩手机的人，他是手机控。我给你演示一下。"

"爸爸，你觉得有意思吗？""肯定有意思，没意思我怎么玩？""你陪我玩吧。""你等一等。"浩浩学着爸爸，两手举着手机打游戏。

过会儿浩浩又进去："爸爸，可以玩了吗？"爸爸说："一局很长。"接着继续玩手机。

浩浩失落地说："其实我现在知道了，他让我等就是不想陪我玩。"

躺在床上，坐在沙发上，随时都在玩手机，这是爸爸在浩浩心中的形象。

主持人问："被爸爸拒绝的时候你怎么想？"

浩浩哭了，他抹着眼泪说："就是想，为什么爸爸会拒绝我？"

有多少人像苗苗和浩浩的父母一样，自以为很爱孩子，却在手机和孩子之间，不自觉地选择了手机？

孩子被拒绝的次数多了，久而久之，对父母的心就冷了。孩子的情感需求得不到满足，久而久之，心也自然离你越来越远了。

029

03

儿童心理学家指出：父母在陪伴孩子时玩手机是一种家庭"冷暴力"，孩子会强烈感觉到被忽略，甚至认为在父母眼中，自己没有手机重要，从而失去安全感。

更重要的是，在这种环境里长大的孩子，将来，同样也会沉迷于手机。换句话说，等到你老了需要孩子的时候，他也会用同样的方式对你：

"闺女咱俩说会儿话！""等会儿妈，马上看完这集剧。"

"儿子我想出去走走！""等会儿爸，等我打通这一关。"

"孩子，我想……""等会儿……！"

很多父母说，自己也不想随时看手机，但总忍不住拿出来翻一翻，在微信群爬爬楼；点击朋友圈红点，刷新刷新；瞧瞧抖音；打局游戏；看会儿小说……但是说真的，拿着手机忙叨了半天，自己也并未从中真正获得什么。

孩子若来打扰甚至抢手机，更是常常觉得烦躁，对孩子不耐烦、生气的事时有发生。

生了孩子，就得对他们负责，把他们养好带好，别因手机失去孩子！

进行手机内容"断舍离"

我们可以针对手机上最吸引我们的部分进行"断舍离"，删除大量微信群和应用程序，隐藏朋友圈发现页。既然许多事物并不能使我们生活变得更好，那留着做什么？

提前约定工作联络时间

有个淘宝店家在店铺首页写着：因带孩子，所有消息22点后回复，有需要尽量自购。不得不令人点赞。

我们的工作如果与手机有关，也可以跟对方约定业务沟通时间，或在朋友圈说明，自己什么时间段在陪孩子。这样其实更能让人觉得我们有责任感有担当，会得到更多的信任与合作机会。

想习惯性聊天时，对家人说

如果习惯了有什么感想就在微信群聊，在朋友圈表达，那么从现在起，就刻意练习，习惯性想通过手机聊天时，把那些话摁住，讲给家人听。不仅能脱离手机聊天瘾，更会让我们与爱人和孩子之间变得更亲密！

共同制订计划并相互监督

父母一起努力和全家相互监督是最好的办法。可以约定回家后就把手机放在一个不容易让我们拿到的地方，给对方甚至孩子一个权利：有人忍不住拿出手机刷时，其他人都可以明确提出不该看，甚至把手机拿走放去特定位置。再不乐意，白纸黑字在那里，也得由着他们。

用奖惩激励我们告别"手机瘾"

来一些约定：今天和孩子在一起时，忍不住看了手机的，谁看的次数多，谁当天晚上哄孩子睡觉；或者洗碗拖地等。一次没看手机的呢，可以得到奖励，如对方为他做一次按摩、捏脚；陪她说会贴心话；买个小礼物等。哇，这样一来，我只想离手机远远的！

坚持二十一天养成好习惯

行为心理学上，有一个"二十一天效应"，即一个人的动作，或想法，如果重复二十一天就会变成一个习惯性的动作或想法。

不如我们制作一个二十一天台历表，记录每天的坚持情况，还可以作为一份礼物，值得孩子一生珍藏！

让我们一起用行动告诉孩子：

亲爱的宝贝，虽然爸爸、妈妈有时做得不够好，常常因为手机忽略了你，但爸爸、妈妈真的爱你，也一直在努力成为更好的父母，现在爸爸、妈妈真的改变了，谢谢你一直在等待我们。

手机坏了可以修，修不了可以换新机。可孩子的成长只有一次，孩子的生命只有一次，请把属于孩子的时间和爱，还给他们！

第 1 章
父母的修炼，决定着孩子的起点

孩子是母亲的软肋，更是母亲的盔甲

这两天，刷到一个特别励志的微博热搜：

一位55岁妈妈从华中师范大学顺利毕业。三年前，她陪女儿考研，没想到自己先一年考上，成为"妈妈学姐"。

网友纷纷点赞，不少妈妈评论说：

"将来我的孩子要考研，我也陪她。"

"妈妈好棒，女儿也好棒，我也要努力做这样的妈妈。"

而另一位曾经刷爆朋友圈的妈妈，只因为陪孩子写作业，竟考取了教师资格证。

令人感动的同时，也钦佩不已。

知乎网友菠菜写过一段话：

有了孩子后，我惊讶地发现自己受到了生命的刺激。

当妈前，觉得人生不就是吃喝玩乐，大家过得舒服点吗？当妈后灰飞烟灭了，小到早起早睡、考几个有意思的证，大到要做一个有理想、有追求、有社会奉献能力的成人。

我无法接受当孩子在不断学习成长的时候，我还是原地踏步，除了吃喝玩乐什么都不会。

我不梦想当教练,但我绝对不要做猪队友。

只因为当了你的母亲,即便曾经热爱追剧、习惯懒散,但这一刻起,内心开始变得刚强,开始想要告别从前的生活,渴望陪你看到生命的更多可能性,和你一起变得更好。

这,是真正的为母则刚。

01

一位网友讲了自己的经历,很多妈妈感同身受:

孩子1岁时,在外省生活的母亲,过来住了一段时间,惊讶得合不拢嘴。

她竟然会娴熟地做出一大桌丰盛饭菜!

要知道,过去她特别讨厌做饭,觉得做饭既费精力又费时间。

婚后她也拒绝学习,万一学会了,那以后还不得都是自己的事?再说了,油盐多伤皮肤啊!

没想到,现在的她却完全忘记了自己曾决心一辈子都不进厨房。

从孩子吃辅食,她就开始学做饭,想方设法,换着花样,变着口味,做着各种美食。

她甚至享受起这个过程,满怀热情地研究食谱,精挑细选地买菜,专心致志地烹饪。

正在热播的综艺节目《我最爱的女人们》中,有一集分别邀请了妻子们的一位亲友来做客,安排她们提前进入观察室。

其中,王黎雯多年未见的好友,通过视频,看到她一大早勤劳地收拾果皮、扔垃圾、整理吧台,给刚起床的婆婆端去水果、帮忙提鞋时,瞪大了双眼,连连说:"这变化太大了!"

两人在一个剧组时,王黎雯大大咧咧,房间从不收拾,觉得乱七八糟也无所谓,而现在却一看就是个干活的人,收拾得太整洁了,还特别体贴和耐心。

好友感叹道:"生活会改变一个人,爱也会改变一个人。"

母爱更是如此。

为母则刚。

从前十指不沾阳春水,却因为当了你的母亲,甘愿穿上围裙做厨娘。

02

闺蜜为了回家当全职妈妈,亲自陪伴孩子成长,又为了多一份收入补贴家用,在休"二胎"产假期间,开始给公众号投稿,渐渐有了起色后,终于鼓足勇气辞职。

一年多的时间里,她从写作小白到约稿不断,也被出版方主动找到,签约写书。

在外人眼中,看到的只是成绩。

但一路走来多不容易,只有她自己知道。

家里没有老人帮忙。先生每隔一个月都要在外上班,遇上新项目签约,更是有次连续好几个月在外。

她平时一个人既带两个孩子,又要做饭做家务,还要写作,在哪里找时间?

只有孩子们睡觉时。

早上，她会尽量在4点起床，多少个凌晨，她犯着困，好想继续睡，可想到她的孩子们，就硬撑着起床，用冷水敷脸，坐到电脑前。

又有多少个夜晚，孩子们睡得不踏实，一会儿这个哭，一会儿那个醒，几乎一整夜都没能入睡的她，却不得不利用孩子们都睡着的间隙，赶快跑到电脑边继续。

累吗？真累。

如果不是为了在家陪伴孩子，她不会开始写作，不会对自己这么狠，更不愿放弃睡觉的时间。

苦吗？不苦。

当她顶着困倦，写着育儿文章时，心中充满的是无限柔情。

当她陪伴着孩子们一起成长，看到她们的每一个变化，听到她们说"妈妈我爱你"时，一切都值得了。

惠特曼曾说："全世界的母亲多么相像！她们的心始终一样。每一个母亲都有一颗极为纯真的赤子之心。"

这是对孩子最纯真、最赤诚的爱之心。

曾经以为时间、精力有限，天天只想"葛优躺"，却没想到，只因为当了你的母亲，能够开始忍受累、忍受困，甚至其中爆发出的巨大能量，都会惊到自己。

03

怀大宝时，我曾因尿路感染引起败血症，住院二十多天。母亲放心不下，尽管有婆婆照顾我，预产期前，她还是早早请了假过来。

因为胎位太低，压迫尿道，又怕感染复发，每天晚上，我几乎一

第 1 章
父母的修炼，决定着孩子的起点

小时起一次夜，根本睡不好，情绪也很不稳定。

母亲睡书房，晚上总隔一会儿来开门看我，弄得我很烦躁，埋怨母亲："您别老开我门，我好不容易睡着，您一开门我又醒了。"

母亲口里答应，却忍不住继续。

有天晚上，在又一次被母亲进来吵醒后，我一怒之下锁了门。

早上，母亲敲门，我没好气地说："我还要睡觉！昨晚又没睡好！"

母亲继续敲门："早上要吃早饭！还有你想顺产，出去走走，等会回来再睡嘛。"

我没理她，始终不开门。

好长时间没有动静，我出去，在厨房外的阳台上找到母亲，背对着我的她，一直用手背擦眼泪。我叫她，她也不应。

很久后，母亲才抹着眼泪说："你刚生了病，我怕你又有什么事，忍不住就想过来看你。谁知道会这么影响你睡觉。我想回去了。"

我的心像被针扎一样刺痛。

母亲当然没回去，她哪里放心得下？

她依然事无巨细地照顾我，好像从没发生过这件事，从没讲过这句话。

只是，不再半夜进我的房间了。

即便曾经再有玻璃心，再不能容忍别人说自己、给自己脸色，但为人父母后，心就变得坚强，你说什么我都可以不放在心上，你给脸色我只会更小心翼翼，只要能为你付出一切。

04

2019年6月17日,四川宜宾发生6.0级地震,牵动所有人的心。

在为逝者悲痛、祈祷不再有伤亡的同时,我不禁想起在汶川大地震中的一位母亲。

救援人员发现她时,早已停止呼吸的她,却保持着双膝跪着、双手撑地的姿势。

在她的身体下,安睡着一个三个多月大的婴儿。

她用弓着的身体,为孩子挡住了垮塌的房屋!

当医生解开婴儿的被子后,在场所有人都哭了。

一部手机塞在被子中,屏幕上是一条短信:

"亲爱的宝贝,如果你能活着,一定要记住我爱你!"

明星胡可说:"当上妈妈之后,我变得很勇敢,因为儿子就是我最坚强的后盾。"

曾经看见一只蟑螂、毛毛虫都害怕,打针喊疼,生病脆弱,却因为当了你的母亲,连死都不怕,只要你平安活着。

孩子是母亲的软肋,也是母亲的盔甲。

因为孩子,懵懂的母亲变得全能,软弱的母亲变得刚强。

但母亲哪里真的是超人?

每个母亲的内心,仍住着一个柔弱娇嫩的小女孩,也会想要休息,也不想那么累,也会伤心流泪,也会怕痛,怕死。

只是,因为你,我的孩子,妈妈愿意变得刚强,愿意成为勇敢的妈妈。

护你周全，保你安康，给你最好的爱。

谢谢你，我的孩子，让妈妈有了一颗世界上最坚强有力却又最柔软的心。

别用"巨婴"养育模式,毁了孩子的未来

01

看过这样一则新闻:

哈尔滨刘女士与丈夫离婚,儿子与奶奶一起生活。全家人心疼他没有完整的家庭,只要他想要的,都会尽力去满足。

高中时,刘女士将儿子送到国外读为期一年的预科,儿子读了两年还没有毕业,两年最少花了200万。

儿子退了学,回了国,可是却天天在家玩游戏,吃饭都是奶奶送到眼前,甚至一口一口地喂。

22岁的小伙子,却活成了"巨婴"。

更令人不可思议的还有一则新闻,82岁患有尿毒症的丁阿婆,千辛万苦供儿子读书,儿子先后获得同济大学学士学位、加拿大滑铁卢大学硕士学位。

可是他却在回国后在家啃老,丁阿婆无奈中状告儿子不承担赡养义务,又最终选择撤诉。

丁阿婆痛心疾首地说:"他学习好,对他希望大,现在希望落空

第 1 章
父母的修炼，决定着孩子的起点

也大。我教育不对，样样自己包办，他样样现成的，依赖惯了。"

原本是对孩子无微不至的爱，却未曾想这爱，却毁掉了孩子的未来。

02

父母对孩子过度包办，但你们知道孩子的真实感受是什么吗？

知乎一位网友的话，吐露了在"巨婴"养育方式中，孩子的心声：

不是我离不开父母，而是作为独生子女，父母离不开我，恨不得上大学都陪读。

离开家里去哪都跟着，租房子也不允许我选，想了解我的全部动向，想远程遥控我，想附身孩子，从头再活一遍。

我无比渴望兄弟姐妹，不要天天盯着我，不要过度保护我，不要恨不得替我去活。

溺爱孩子，包办一切的父母，真的爱孩子吗？他们只是更爱自己吧。

我一直以为我长大了，其实没有。

我本可以"长大"的机会，都被他们夺走了。

他们用我的生命来验证他们的经验。

不能再这样下去了，再晚就来不及了，活着多么好，我想真真正正地活着。

父母什么时候能放过孩子呢？那些替孩子做了很多很多的父母都醒醒吧！

人生该走的弯路一条都不会少，你现在不让他走，他未来照样跌跟头。

未来的路，就别跟着孩子了，走你们自己的路吧。

今后我的大小事，都自己拿主意。

未来的路，每一步都自己走，再难过也不找爸妈。

难过很好，难过才会长大。

孩子其实什么都做得好，他们只是从未有过机会。

我的一位朋友，母亲对她很是溺爱，舍不得离开她半天。

在邻市读高中时，别的同学住校，母亲在外租了房子，陪她读书。她不止一次地说："感觉太压抑了，妈妈随时盯着我，快受不了了。"

可是母亲感受不到，母亲只一心一意对女儿好，每天很早起来做饭，给女儿热牛奶，不让女儿做任何家务，感觉到女儿要喝开水了，马上把杯子递过去，甚至女儿吃水果要吐核，她都马上伸出手去接住。

母亲的爱给她的感觉是压抑和束缚，好不容易考上了外省的大学，想离开母亲远点，有一些私人的空间，过一过长大的日子。

没想到，母亲不放心她，居然又租房到了大学旁边，要继续陪读！

她是一个孝顺的孩子，不忍心指责母亲，让母亲回家。只是在心里堆积着压抑的情绪。

在大学，她没有朋友，没有别的活动，每天仍像高中时候一样，上学、回家，她的交际圈只有母亲，因为母亲离不开她。

母亲"巨婴"般的养育，不仅让她如同婴儿一样，没有自理能力，没有交友能力，不知道如何面对这个社会，更因为她内心的强烈冲突，让她的情绪也产生了严重的问题。

但直到如今，母亲仍然不觉得自己有错，仍然像保护小鸡一样，不让她接触更多的人和事，认为这样可以帮助她情绪更稳定一些。

曾经羡慕朋友能有无微不至的母爱，后来却无比心疼朋友没有放手的母爱。

03

电影《小花的味噌汤》讲述了一个悲伤感人的故事，可是其中的养育真谛却令人深思。

小花4岁时，妈妈开始教她做饭、做家务，这一切，都因为妈妈得了癌症，已经晚期了。她不舍离开的同时，更想要为女儿的未来着想。

妈妈没办法再陪她照顾她了，爸爸也要辛苦工作，小花只有学会了照顾自己，她才能放心。

小花的衣服翻着脱下来，她就翻着还给小花，让小花自己整理好。去保育园前的准备工作，她丝毫不帮忙，家务活也尽可能让她打下手。

在小花4岁生日时，为小花买围裙作为礼物，教小花做味噌汤，每天早上，这是小花的任务。小小的她，端着凳子，爬上去，踩在凳子边，靠在橱柜上，做着美味可口的汤。

很快，妈妈又教会她用刀。

每次看着小花用刀时，妈妈的心都提到了嗓子眼，可是她不得不硬着心，看着小花举着沉重的刀子。

有一次，一位朋友来做客，陪小花玩。该做饭了，小花还想玩，妈妈坚持让她做饭。朋友就指责说："你对孩子太狠了，哪有这样当妈的？"

妈妈瞬间爆发了，哭着说："我不对她狠，她将来怎么办？我走了，她怎么办？"

妈妈说："阿花，做饭这件事与生存息息相关，我要教会你如何拿菜刀，如何做家务。学习可以放在第二位，只要身体健康，能够自食其力，将来无论走到哪里、做什么，都能活下去。我希望女儿一个人也能顽强而茁壮地活下去。"

阿花5岁时，妈妈去世了。小小的阿花，每天早上6点起来准备早餐、喂狗、去幼儿园……下午回家后，晒衣服、叠衣服……

阿花11岁时，电影改编来源的同名书出版了。阿花和妈妈的故事，感动了许许多多人。

因为妈妈的"狠心"和智慧，拥有了自理能力的阿花独立、坚强、自信、乐观，对未来充满盼望。

弗洛伊德说："成长的主要动力，来自和父母的分离。"

父母越早明白这一点，越早接受这个事实，越早愿意和孩子有分离的这个过程，才不会始终把孩子当成小孩，凡事包办，让孩子无法成长，即便长大也活成了"巨婴"。

央视《超级育儿师》特邀嘉宾兰海老师提出了孩子的四个成长阶段：0~6岁，手把手；6~12岁，一起走；12~18岁，放开手；18岁以后，看他走。

多少父母，从没有走过这四段，而始终是替孩子走，代替孩子做所有的事，剥夺了孩子的自然成长。

如果爱孩子，就要舍得放手，勇于放手，当孩子有自主意识开始，就多观察，少插手，凡是孩子自己能做的，就让孩子自己去做。孩子主动请求帮忙的，再去帮忙，即便帮忙，也先用引导的方式，而不是直接代替的方式。

这才是对孩子真正有益的爱。

第 2 章
父母的懂得，是孩子助跑的养分

孩子最好的起跑线，
是父母的远见

允许孩子哭，比让孩子笑更重要

01

前些天遇见令人心疼的一幕：

4岁左右的小女孩，手中的线没有抓牢，气球飞走了，大哭起来。

妈妈瞬间呵斥道："叫你抓紧抓紧，你不听！现在哭有什么用？"

孩子眼泪吧嗒吧嗒往下落。

妈妈说："别哭了！飞都飞走了，有什么好哭的？"

"叫你别哭了，没听见吗？你再哭我就不喜欢你了！"

这下，孩子彻底哇哇大哭起来，要去拉妈妈。

妈妈眼里冒着火，吼道："你还哭？不管你了！"把孩子的手一甩，就往前走。

听着孩子撕心裂肺的哭声，一阵揪心的同时，想起一位妈妈的话：

"一叫孩子起床就哭，不给他看电视也哭，每天上幼儿园都哭，太让人头痛了！"

不愿看见孩子哭，是许多父母内心真实的写照。

第 2 章
父母的懂得，是孩子助跑的养分

02

德国教育专家麦克说：我们不喜欢看到孩子难过哭泣，不仅是哭泣让我们觉得麻烦，而且也怀疑自己的价值。

我们认为，孩子不哭闹，我们才更像成功的父母。一旦孩子大哭，我们会感到无措和失败。

而在大庭广众面前，孩子哭闹，更会使我们感到非常难堪，怕别人觉得我们没管好教好。

越害怕，越不允许，我们的做法越会带来严重的后果。

孩子任性、霸道，越来越难管

好友说，孩子寒假去姥姥家待过一段时间后，脾气变得特别大，什么都要按他的想法来，不然就哭闹不止。

一切原因都出在姥姥太怕孩子哭了。

姥姥带孩子去亲戚家做客，孩子吵着要买零食。姥姥说："乖，就要吃饭了，先不吃。"孩子秒哭："不嘛！不嘛！我就要现在吃！"

姥姥马上哄说："好好好，我们买。"

叫孩子不玩了，孩子又哭起来，姥姥又立即改口："不哭不哭，再玩一会儿。"

为了不让孩子哭，就顺着孩子，会使孩子习惯用哭闹要挟家长，变得任性、霸道，处处以自我为中心，越来越难管。

孩子变得自卑、胆怯，与父母关系疏远

小区新搬来了一家人，3岁的小女孩妞妞，我们从未见过她哭。

妞妞妈妈传授经验："我们妞妞刚满2岁后脾气也怪，也爱哭，但现在她知道哭没用。"

让妞妞睡觉，妞妞还想玩，躺在地上哭。妈妈啪啪两下打在屁股上："说好了这时候睡觉，你不听话，还哭闹！看我不打你！"

该吃饭了，妞妞磨蹭着不动，继续看电视。妈妈一按遥控器，把电视关了。

瞬间，妞妞大哭大嚷："我肯定不去吃饭！"

这还得了？妈妈把妞妞拉过来，摁在自己腿上，脱下裤子开始打："再哭，你再哭！"一直打到妞妞不哭，认错了为止。

妞妞妈妈说："现在孩子就动不动哭闹，非要按她的意思来。以后怎么办？孩子哭别惯着，就得打。即使不是发脾气，也不能哭。像摔倒了、没玩成玩具、东西掉了，有什么好哭的？！"

想到妞妞总是怯怯的眼神、胆小的样子，连和小朋友一起玩都不敢主动上前，我的心里特别难受。

用打骂的方式制止孩子的哭声，孩子似乎不那么脆弱了。可其实孩子的情绪只是被压抑了。

孩子没有真的变得乐观、不爱哭，只是越来越不敢表现自己的真实情绪和意愿，变得自卑、胆怯，总是隐藏自己，人际交往上会有很大障碍。孩子也越来越不会跟父母沟通，与父母的关系在内心非常疏离。将来若是遇到什么事，父母总是最后才知道。

03

要了解孩子为什么会哭，就要正确面对孩子的哭声。

心理学解读，婴儿期的孩子哭闹都出于本能的需要。困了、饿了、不舒服等，孩子都会哭。

从2岁开始，孩子有了独立自主意识，一旦语言能力、控制身体的能力等限制了孩子内心想法的表达，孩子会急得大哭。

3岁以后的孩子，有了更多自己的想法和主张，也开始面对更多规则的约束以及和小伙伴的冲突等"不顺心的事"。

成人已经有了较强的情绪控制能力，面对这些懂得自我调节，孩子却不能。研究显示，一个人要到18~20岁才能拥有相对完善的情绪控制能力。

哭，只是因为孩子的自我控制能力还不够，是孩子发泄心中负面情绪的正常渠道。

很多时候，孩子刚开始哭是因为某件事，后来却容易因为父母的反应，害怕父母不喜欢自己而哭。

那么父母应该如何做呢？

孩子伤心时哭，接纳情绪，帮助表达

果果3岁多时，有次想和小区一个小女孩玩，小女孩却说："讨厌你，不想和你玩。"扭头走开了。

果果瞬间哇哇大哭。

我走过去，抱着她说："宝贝，朋友不和你玩，你感觉好伤心是吗？"

果果抽泣着说："是的，我想和她玩。"

我点头："妈妈小时候也想和好朋友玩，有时候好朋友不和妈妈玩，妈妈也很伤心。"

果果不哭了。

我接着说:"妈妈小时候也有几个好朋友,有时候这个好朋友不和我玩,有时候那个好朋友不和我玩,有时候又都和我玩,现在长大了,我们都会一起玩。"

此刻,她的情绪完全平复了,高兴起来。而第二天,再和小女孩遇见,小女孩主动找果果玩,两人就像什么都没发生一样,玩得特别开心。

《十分浩学》节目提道:"越压抑情绪,情绪就越严重。接纳孩子的情绪,允许孩子有情绪。当情绪得到了接纳和允许的时候,它就会有一个健康的方式去释放出来。"

对孩子说:"你可以哭,哭不是错。我也会和你一样。"在这样环境中长大的孩子,会更早学会认识情绪和处理情绪。

孩子发脾气时哭,坚持原则,耐心等待

胡可在综艺节目《妈妈是超人》中,带两个儿子逛超市。

小鱼儿拿了一袋零食想拆开,胡可说:"不能打开,没有交钱的时候不能打开。"小鱼儿马上抓狂地尖叫,大哭大闹。

胡可微笑淡定地看着小鱼儿,说:"不用管他,让他叫。"

在持续一分多钟的哭闹声中,胡可没有生气,也没有说一句话。

直到小鱼儿不再哭闹,她走过去,蹲下来,温柔地说:"要到收银台付了钱才能打开。"

小鱼儿点点头,安静地跟着妈妈离开了超市。

胡可说:"小朋友在公共场合撒娇耍赖,是对家长一个极大的考验。可能很多时候我们的第一反应,会觉得很丢人,因为所有人全都在看着，然后我们就没有了耐心，可能就不停地去拽他。其实你不要把它当成是丢人的一件事情，只当作是小朋友在那一刻情绪的一种宣泄，当他觉得哭闹没有用的时候，他自然会站起来。当他站起来时，他已经梳理了他的情绪，这个时候你们再去对话，我觉得会更有效。"

当孩子被父母拒绝时，无论哭闹多久，父母都无须吼叫打骂，只要温柔坚持，耐心等候。孩子就会越来越少哭闹。

孩子独自受挫时哭，悄然观察，放手成长

一次，我在厨房做饭，果果和2岁的妹妹依依在房间玩，突然一阵哭声传来，听起来像在争玩具。

我控制了想要立即冲过去的冲动。不到两分钟，哭声没了，又响起两姐妹的咯咯笑声，问题被她们自己解决了。

有天，依依一个人在玩颗粒积木，玩着玩着突然很烦躁地大哭起来，原来是连不上。

我在不远处默默观察。依依哭着弄了好一会儿后，竟然成功了，她开心地笑起来，此刻眼泪还挂在脸颊上。

我们很容易一听见孩子哭，就急匆匆地主动跑过去，或是说："又怎么了？！"呵斥孩子不要哭，或是插手帮孩子解决问题。前者令孩子迷茫无措，后者错失了培养孩子独立思考和解决问题的好机会。

其实，很多时候孩子只是遇到了一点小麻烦，如盖子打不开、东西卡住了、纸坏了等，孩子受挫而哭，只是情绪自然地流露，并非需要父母帮忙。

父母听见孩子突然哭起来，却没有叫自己，不妨等一等，先在远处悄悄观察。

每一个孩子，都会经历挫折，都需要有这样不断学习独自解决问题的时刻。

《用尊重成就孩子的一生》一书中说：

孩子哭如果让父母心里难受、烦躁不堪，往往是父母自己在成长过程中，内心积郁了许多负能量，没有得到宣泄的机会。孩子负面情绪的爆发，会触及父母内心的同类情绪，潜意识里因为担心自己失控，所以也不允许孩子发泄。

成长的父母，最重要的标志是接纳、允许自己有情绪，继而也接纳、允许孩子有情绪。

德国心理学家卡萝拉·舒斯特说："其实孩子哭的时候，最先需要处理的是家长的情绪。"

当孩子哭的时候，父母不必产生挫败和焦虑感，也不要太过担心，急于制止。

允许孩子哭，孩子才会真正乐观、快乐。

允许孩子哭，孩子才能认识规则，拥有自制力与抗挫力，才能真正健康成长。

允许孩子哭，比让孩子笑更重要。

孩子的童年只有一次，为人父母请珍惜

01

在养育孩子的过程中，父母很多时候都控制不了对孩子发火。可是，对孩子发火、吼骂，甚至打过孩子后，父母往往都会感到内疚：

"昨天晚上因为作业问题狠狠吼了孩子，直到现在还在自责中。"

"对于儿子，我最后悔的事就是曾常常情绪失控，大声吵孩子，甚至还用手推过他！"

"昨天晚上情绪失控，打了4岁的儿子。后来我蹲下身的时候，儿子明显抖了一下，然后双手推我，那一刻有心酸心疼，明显在害怕以为我又拧他呢！"

近日，一位妈妈很难过地找到我，倾诉说："我爱自己的女儿，可是每次晚上睡觉，女儿很晚了还不睡，要不就不停说话，要不就动来动去，我实在困得不行了，女儿还不睡。这时候，之前再好的脾气，在这一刻都变了，忍不住爆发，朝女儿吼去，甚至打女儿屁股一巴掌，女儿才会哭着睡着。那一刻，我又心疼极了。"

到现在，她都懊悔不已。

这才是大多数爱孩子的父母最真实的感受啊。

在孩子仅有一次的童年中，心里想要给孩子全部的爱、最好的童年，想要给孩子最温柔、最平和的自己。

可是却常常控制不了自己的情绪，常常忍不住地就要对孩子发火，或者无意中忽略了孩子，伤害了孩子，对孩子心怀内疚。

02

韩国电视剧《请回答1988》里面有一个场景令无数人落泪。

德善是家中老二，夹在姐姐和弟弟的中间，长期被父母忽视。甚至连过生日，都不能单独过，每次都是陪比她早几天生日的姐姐一块过。

父母从来不知道她的内心有多受伤。

直到又一次，父母让她和姐姐一起过生日时，她哭着爆发了。

父亲第一次明白德善的感受，在德善生日那天，为她买了蛋糕，在小巷口等她，向她道歉。

他说："爸爸我也不是一生下来就当爸爸，爸爸也是头一次当爸爸。"

是啊，因为是第一次当父母，所以才会有许多的不明白，才会在许多地方上做得不好，从而在无意中伤害孩子。

尤其许多父母，在童年的时候也是被粗暴对待，长大后，在不知不觉中延续了父母的模式，也控制不住地这样对待自己的孩子。

心理学提到，每个人身上都会表现出童年家庭的无意识模型。

第一次为人父母，如果没有留心学习，刻意纠正或避免，往往就

第 2 章
父母的懂得，是孩子助跑的养分

会直接沿用过去所受的教育模式来对待孩子，也会在潜意识中表现出来。

只是，孩子的童年和成长只有一次，孩子不该为父母的第一次埋单，不该因为父母是第一次当父母，就理所应当受到伤害。

父母也许只是无意，孩子内心的阴影却往往是一生之久。

知乎作者磐石在热门帖子"童年阴影真的会相随一生吗？"中写道："我快而立之年了，今年是我第一次去游乐场。我趁着人不注意，背过身去，躲到出口处，在阴暗的角落，抹着不住滴落的眼泪。这泪水，是亏欠曾经9岁的我。"

那年，父母答应寒假带他去游乐园，他满足了父母的要求，考了班级前三，赶完了寒假作业。

却在去游乐园的前一天，突然被哥哥姐姐、弟弟妹妹异口同声诬告他偷钱。

妈妈直接拿了鸡毛掸子逼问他。他没有拿，自然没有承认，可妈妈还是劈头盖脸打下去，打得他衣服碎了，鸡毛掸子折了，脸上破皮，手脚都是条条杠杠。

当然，第二天他没能去游乐场。并且这一年，所有人都没给他好脸色。甚至他第一次有了寻死的念头，也讨厌所有家人。

他说："我的童年，就像捡起碎玻璃往自己身上扎，很疼，可是习惯之后，我就变成了刺猬，曾经刺伤我的玻璃片变成了武器，义无反顾地扎向那些伤害自己的人。我妈妈不明白，为什么我物质上尽力满足她，却从来不愿意和她坐下来好好说话。我亲戚不明白，为什么我事业做得风生水起，却连个看仓库的职位都不让他们入职。而我自己，却终于在今年明白了。9岁被妈妈打得遍体鳞伤的我，憋住的眼泪,在过了差不多二十年之后,才放肆哭出来。这就是童年的阴影!"

心理学家曾奇峰说,无数经验和研究证明,父母跟孩子,尤其是母亲跟孩子的关系,制造了孩子最核心的人格。

03

有父母说:我也不想伤害孩子,可面对孩子,尤其是孩子淘气不听话时,真的很难控制脾气。

事实上,不能控制情绪的根源,来自内心的无能为力。

因为不知道在这种情况下,还能有什么有效的方法去处理,能够怎么让孩子配合。

内心的无力感加上原生家庭的教育模式,是令许多父母控制不住情绪,或者用其他方式伤害到孩子的根源。

如果,我们知道孩子成长的必经之路,知道孩子的特性和成长规律,知道如何面对各种突发事件,我们一定会更从容地面对孩子,会以更平和的心态去爱孩子。

尽管我们是第一次当父母,但我们可以不再当伤害孩子的新手父母,而是愿意一直在这条路上学习和成长的"新父母"。

兰海老师说:"新父母,就是用新手的心态,努力学习积极生活的父母。是愿意付出时间精力,学习陪伴孩子成长的方法,渴望和孩子们一起创造良好的家庭环境,让家庭从'新'开始的父母。"

纪录片《镜子》中,心理咨询师李老师说:"我们做律师需要执照,开车需要考驾照,可是我们做父母却不需要,但这是我们要做一

第 2 章
父母的懂得，是孩子助跑的养分

辈子的职业，父母们都没有意识到我们也需要学习。"

拿了执照、驾照，才会把错误降到最低。

同样，为人父母，只有通过不断的学习，才会将错误降到最低，才会减少甚至避免在孩子童年时，给孩子伤害和阴影，才会不再反复经历控制不住与后悔内疚，而是庆幸自己真的给了孩子最好的童年。

即使孩子已经读小学了，读初中了，那也还是第一次当小学父母、初中父母。

即使已经带"二胎"了，那也还是第一次当"二胎"父母啊。

愿意不断学习成长的父母，不断掌握育儿知识和方法的父母，不断浸泡在学习与交流氛围中的父母，一定会给孩子最好的爱，也是最能让孩子幸福快乐成长的父母。

这样的父母，才是真正的"新父母"，才是孩子在成长岁月中最需要的父母。

愿我们能够创造良好的家庭环境，给孩子这一生唯一的童年最好的爱！让童年的记忆与温暖，伴随孩子一生，使孩子将来有力量有智慧有勇气，在这个社会上游刃有余地生活。

我不只在养孩子，更是再过一次童年

01

这天，果果从幼儿园回来，迫不及待打开书包，拿出同学送她的礼物：我从没见过的刮刮画。

一叠正面全是黑色的卡片纸，几张有各样图案的模型尺，几只可以用削笔刀削的竹笔。

研究一会儿后，我和果果各自选好模型尺，一人一张卡片纸，拿着竹笔沿着模型尺，开始画起来。

惊喜出现了！黑色被竹笔刮开，显出了亮眼的绿色！再一刮开，粉色、紫色、黄色，各种颜色纷纷呈现，漂亮极了！

果果喊道："妈妈！我们好像是在变魔法呀！"

是啊，我完全被这突如其来的惊喜和变幻多端的色彩给吸引住了，和果果乐在其中，画了很多的图案。

那一刻，我突然想起英国浪漫主义诗人拜伦在《恰尔德·哈罗尔德游记》中写的一句诗："呵，幸运的年月，谁会谢绝再体验一次童年生活。"

小时候，我哪见过这些啊？那时，我唯一的画笔是铅笔，画本是写完的作业纸背面。仅有的玩具，是在外打工的妈妈给我带回的一个小小的唐老鸭模型。

如今，在一次次陪伴孩子玩耍的过程中，我仿佛又变回了小孩子，重新体验了一个有许多玩具和新鲜事物的童年。

02

台湾亲子专家李长安在《父亲的责任》讲座中讲了一件事。

两个儿子一直盼望野营，有一次他们终于买好帐篷，定好出发的日期和地点了，结果那天下雨，没能出去。

孩子们好失落，因为他们准备了很久，超开心和期待啊。

李长安灵机一动说："有了！我们今晚在客厅露营！"

太棒了！两个孩子兴奋起来。

搬茶几、搬沙发，安装帐篷，拿出准备好的食物、玩具，天暗后不开灯，打着手电筒。

一家人躺在帐篷里，说说笑笑，很是惬意。

李长安说：我喜欢尽可能满足孩子们关于玩耍的愿望，小时候的我很多没有玩过，现在跟着孩子们，再当一次小孩，轻轻松松，快快乐乐，多好！

有孩子后，常觉得陪孩子玩各种玩具真是考验体力、耐力，孩子拉着自己喊："妈妈，陪我玩会嘛。""妈妈，你当孩子，我当妈妈吧。""妈妈，跟我一起，这样跳！"玩了一遍又一遍，耐心快到头了，只叹陪孩子玩还真是不容易。

却不知，在用心带孩子玩耍的过程中，我们不仅在弥补童年玩耍的缺失，还能从繁杂忙碌的世界抽离出来，带着一份童心，感受独有的轻松和自在。

03

果果小时候，夜奶频繁。有段时间，甚至每小时夜奶一次。

那时她已睡在奶奶的房间，每次迷糊中哭声一响，我便飞奔过去，搂着她，喂她入睡后我再离开。下个小时她再哭，我再急忙跑去。

有次她生病了，我站着抱她才能睡得稍微踏实，整个晚上，腿麻了，手酸了，也一直抱着她。

那段时间，我常常想起，曾经很多个夜晚总被噩梦惊醒，自己心有余悸地大喊："妈妈！妈妈！"

妈妈就会马上飞奔而来，陪着我，等我睡着后再离开。有时晚上来回好几趟。

有次噩梦醒来，妈妈过来陪我后，我又睡着了，不一会儿又做噩梦，迷糊中好不容易挣扎醒来，看见了妈妈担忧的脸。

妈妈竟然一直没走，也没有睡觉，就么么坐着看着我，眼神中满是心疼和忧伤。我的心瞬间被温暖了。

如今，当我对孩子付出爱的过程中，我在童年时感受到的妈妈的爱，也愈加饱满而热烈地呈现出来。

前段时间，微博有个热搜：

爸爸回来在沙发上睡着了，听见他在说梦话："妈，晚上我想吃炒饼。"奶奶2000年去世，已经十八年了。

第 2 章
父母的懂得，是孩子助跑的养分

心猝不及防被击中，无论我们多大，在我们内心深处，依然住着一个小小孩，渴望被父母呵护啊！也幻想哪一天能再变回小小孩，享受片刻的宠爱。

而这个小小孩，最能够在我们亲自养育孩子的过程中，被释放出来，仿佛自己仍是妈妈抱着疼着的小宝贝，心便被爱浓浓包裹。

04

前段时间，好友晓玲告诉我，她终于对父亲曾经的转变释怀了，她不再对父亲心有芥蒂了。

那些天，晓玲上幼儿园的儿子小羽很是调皮，做事拖沓，又厌学，种种问题袭来。她很是苦恼，担心小羽在学校的情况，想尽办法跟老师沟通交流，又关注小羽的情绪，想方设法找问题产生的原因，还穿插着治小羽的拖沓症。

晓玲真是觉得好难，好累！好几次，她都忍不住吼小羽打小羽，事后她又后悔，她怎么不理智一点呢？怎么不平和稳定一些呢？

可也就在这期间，晓玲突然深深地理解了父亲，接纳了父亲。

是啊，要当好父母、养育孩子真的好难好难，又哪里有十全十美、在童年时期一点都不伤害孩子的父母？

她第一次体会到父亲真的好不容易，那时父亲不过才20多岁，却从未缺席过父亲的角色，用力地爱着她。小时候对她宠溺，长大了些又怕她什么都不会，开始严格地管束她，让她不至于不独立坚强。

她的父亲，也许对待她的某些方式有失偏颇，但他一直在很努力地当父亲，他做得已经足够好了。那天，她第一次给父亲发微信说：

"爸爸，我爱你。"一发出，她的心就彻底轻松了。

有了孩子，经历着纠结，明白作为父母很难十全十美后，才开始接纳父母的不完美，存在心底的便只是美好的爱和无尽的感恩。

原来，在当父母的过程中，我们可以重回童年，修复伤害，只留下满满的爱。

05

《圣经》中描述了一个画面，有人带着小孩子来见耶稣，要耶稣摸他们，耶稣抱着小孩子，给他们按手，为他们祝福，并对门徒说："让小孩子到我这里来，不要禁止他们，因为在天国的，正是这样的人。你们若不回转，变成小孩子的样式，断不得进天国。"

成年的我们，唯有在一次次看着我们年幼的孩子时，才能回到小孩子的模样，那也是最接近充满圣洁、美善的天堂的地方，如同孩子纯真柔软的心。

余光中在《左手的掌纹》中写道：

"人的一生有一个半童年。一个童年在自己小时候，而半个童年在自己孩子的小时候。"

有了孩子，我的那半个童年才完满起来。

陪伴和养育年幼孩子的过程，原来也是我在跟随孩子重返曾经的岁月，重过一遍童年。

借此，弥补着曾经的遗憾，修复着内心的创伤，拾起了遗忘的美好。

谢谢你，孩子，丰富了我的童年，圆满了我的人生。

第 2 章
父母的懂得，是孩子助跑的养分

当孩子说"我不喜欢你"的时候

01

有一阵，我经历了亲子关系最糟糕的一段时间。

晚上叫果果去刷牙，果果不动，也不回答，仍在客厅摆弄着她的芭比娃娃。

我有些火大，去拉她，她却挣脱开到处跑。好不容易把她弄到洗漱台了，却故意往地上滑。

我铁青着脸用手架着她的腋窝，把她提到凳子上，给她挤出牙膏。谁知道她居然拿着牙刷开始刷洗脸槽。

愤怒的我一把抓过她的牙刷，往地上一摔，牙刷瞬间断成两截。

果果哇地大哭："你是坏妈妈！我不喜欢你！"

这句话，果果最近随时挂在口中。叫她起床，她说："我不喜欢你！"叫她吃饭，她半天不动，再叫，又来了："我不喜欢你！别叫我了！"

我早听烦了。于是吼道："不喜欢就算了！你以为我喜欢你吗！"

她一听,哭得更厉害了,甚至尖叫一声跑到过道上躺着,大喊:"我不喜欢妈妈!我讨厌妈妈!"

那一刻,我身心俱疲,感觉到特别挫败。

以前那个动不动就说"妈妈,我最爱你了""我要永远和妈妈在一起"的果果哪里去了?

我怎么就成了她口中"最讨厌、最不喜欢的妈妈"了?

跟朋友聊起,她说:"巧了,我儿子最近也说不喜欢我。"

朋友的儿子小鱼今年刚4岁。小鱼放寒假后,奶奶把小鱼带回了老家。

朋友想,干脆过完春节让小鱼就在老家读幼儿园,一来费用低,二来奶奶暂时不会再过来,自己和老公都太忙。等小鱼读一年级了,再接回来。

起初,小鱼在视频里还每天"妈妈,妈妈"地叫。

可是有一天视频,小鱼怎么都不过来,奶奶叫了几遍后,他说了句"我不喜欢妈妈"就走了。朋友特心酸又无奈。

她以为是小鱼在老家待久了,跟她生疏了。没承想,是奶奶告诉了他,妈妈让他在老家读幼儿园。

他以为只是回去玩玩,本来还觉得很新鲜,也很开心。没想到,妈妈却要把他留下。

奶奶说,小鱼讲的第一句话是:"妈妈为什么把我扔在这里?妈妈是不是不喜欢我了?"

朋友的鼻子一酸,眼泪唰唰往下落。

原来,孩子是以为妈妈不喜欢自己了,才说"我不喜欢妈妈"啊。

02

小鱼的话深深触动了我。

在某一天还算和谐的氛围中,我问果果:"你能告诉妈妈,最近为什么总是说不喜欢妈妈吗?"

果果偏着脑袋,想了一会儿后说:"因为妈妈不喜欢我!"

我愣了很久,我天天自己带她照顾她,怎么会不喜欢她呢?

可再仔细想想,果果说得没错。

这两个月,我接了一份线上的工作,几乎从早到晚,我都忙得晕头转向。

我在她身边,却根本顾不上她。

多少次,果果说:"妈妈,您别看手机了好吗?"我嘴里说好,眼睛却仍然盯着手机。

有时,她催急了,我心里就烦躁:"你不会自己玩吗?没看妈妈多忙?"

有时,说好陪她玩,可是玩不过两分钟,又掏出手机回消息。

多少次,果果跟我说话时,我心里却想着别的事,要不就嗯嗯啊啊,装作在听,随意敷衍地回答她,要不就完全不理她。

果果常哭闹着说:"妈妈,你怎么听不懂我的话了?你怎么不听我说话?"

我却觉得:你怎么还不如小时候懂事,不会自己玩了?天天吵得我烦死了!

我不仅忽视了她,还不断严苛地要求她。

当我心里被各种事情充满时,看到她也只有各种各样的事情和要求:"快点起床!""好好吃饭!""马上刷牙!"

甚至,已经太久没有好好给她讲故事,温柔满足地陪她入睡。而是一到晚上,就不停地催着要求她马上睡觉,一旦拖延,我就对她又生气,又呵斥。

想到果果这两个月所经历的一切,我既懊悔不已,又心疼极了。

张德芬说:孩子天生就是最敏感的小雷达,父母表面上再怎么说、怎么做,都不如他们在能量层面、心理层面感受到的东西来得有说服力。

是啊,尽管我仍然每天和她在一起,时不时也会说一句:"妈妈爱你、喜欢你。"

可她的感受完全不同:如果妈妈喜欢我,为什么宁愿看手机也不看我?为什么嫌我烦?为什么总是不听我说话?为什么整天只会叫我做这做那,动不动就生气,不想和我在一起?

小小的孩子对情感能敏感地察觉,却无法准确表达,才会喊出:"我不喜欢你!"

一旦父母忽视了,或者孩子连这句话都无法喊出,压抑的情感就会给孩子造成想象不到的负面影响。

武志红讲过一个心理咨询案例。

来访者已经30岁了,却无论在什么场合,都非常紧张自卑——他总觉得别人都对他说话不感兴趣。

武志红怀疑他和妈妈的关系存在很大的问题。可是他却几乎每天回家都会跟妈妈聊很久的天,看起来关系很好啊。

直到武志红问:聊了那么多,有什么印象深刻的美好回忆吗?能不能说一两个?

来访者被戳痛了,他发现自己想不起一个。

原来,三十年如一日,永远是,他看着妈妈说话,而妈妈给他一个侧脸,她的脸永远是正对着前方。

妈妈在听,也有回应,但从来都是心不在焉似的。这让他时刻在怀疑,是不是他讲的事情没意思,妈妈不喜欢,甚至,妈妈根本就不爱他。

心理学家戴维·埃尔金德说:"孩子们最需要知道的是,他们对父母很重要,永远都被爱围绕。"

孩子们最深的渴望是,父母一直爱着自己,深深喜欢着自己。

当孩子说"我不喜欢你"时,实际上是内心缺乏这种被爱和被喜欢的安全感。

孩子真正想表达的是:爸爸妈妈,可以多陪陪我吗?可以不要只是不停要求我,可以真正喜欢我,和我在一起,看着我,听我说话,不管我怎么样,都喜欢我吗?

03

那么,我们可以做些什么,让孩子心里有这样被爱的笃定感呢?

让孩子知道:"你喜欢我,不是因为我乖才喜欢,而是因为我是你的孩子。"

知乎一位网友讲过一件事:

她是幼儿园老师,新学期转来一个小男生,中午不睡觉,还大声吵同学,经常被她批评。

而他不仅没改,情况还越来越严重。

男孩开始推搡同学，甚至开始厌学，每天都跟妈妈说自己不喜欢老师，老师也不喜欢自己，不想在这里读书了。

她意识到，也许是自己传递出了一个信息：你不好好睡觉，所以老师不喜欢你。你乖了，老师才喜欢你。

心理学上讲，孩子的内心很容易受暗示，越受到不好的评价时，表现出来的也越不好。

他的内心其实很渴望得到老师的认可，所以他会因为惹老师生气更觉得自己表现差，觉得老师不喜欢自己，反而越不能安心睡觉，老师也更容易生气——一直在恶性循环。

第二天，她对他说："老师喜欢你，不是因为你听话才喜欢。不管你睡不睡午觉，听不听话老师都喜欢你。老师不喜欢你打扰同学的行为，但是任何时候老师都喜欢你这个人。"

接下来的一整天，她几次对男孩说："老师很喜欢你！"

当天，男孩不再推搡同学了，很快，即便自己睡不着，也不吵同学了。再后来，他在床上玩着玩着，自己就睡着了，也没再出现过厌学的情绪。

他常对妈妈说："老师说喜欢我，我也喜欢老师。"

绘本《你很特别》中说：

这个世界上有很多要求，你有才华、有能力、好看、出色，才会喜欢你。可是爸爸妈妈却要给孩子一种笃定感：我喜欢你，只是因为你是我的孩子。

这是奠定孩子一生安全感的重要基石。

让孩子感受到：当你和我在一起时，眼里都是我。

《相约星期二》中的教授莫里说："当我和你说话时，我想的只有你,没有将要上映的电影,也没有上周做的检查。"

当我们看着孩子时,需要如此,要让孩子觉得,他(她)就是我们眼中的全部。

当父母愿意花时间花精力,全心陪伴孩子,专心听孩子说话,尽情陪孩子玩耍时,孩子就会感觉到父母真的爱自己。

我放下了需要我花大量时间在手机上的工作,陪果果一起玩过家家;在家里高低床的楼梯边,我当她的滑滑梯;当她跟我说话时,我盯着她的眼睛,微笑回应她,和她一起谈论她觉得重要有趣的事。

不经意间我发现,果果已经好久没有说"我不喜欢你"了。

让孩子感受到:你管教我,是为我的益处,不是发泄情绪。

亲子专家冯志梅有一次和朋友在家中交流,两个儿子突然打了起来。她起身把儿子叫进了房间。

一会儿后,他们出来了,每个人脸上都带着微笑,哥哥弟弟和好如初。

朋友说:"我以为你去管教他们了。"

冯志梅说:"是这样的呀。"

朋友诧异:"那他们怎么没有哭闹,也没有愁眉苦脸?"

冯志梅说:"因为孩子们看到妈妈是在情绪稳定的状态下管教他们。"

她全程没有生气,只是温和而坚定地让两个孩子罚站,相互道歉。两个孩子从起初倔强,到最终向彼此道了歉,"无论如何,都不应该对自己的兄弟动手"。

之后,冯志梅张开双臂,拥抱了两个儿子。

孩子们知道虽然自己做了错事,但是妈妈依然爱自己,依然喜欢自己。不用担心妈妈发怒的情绪，反而能更好地接受管教，改正错误，也由始至终喜欢平和而坚定的妈妈。

赫尔巴特说：孩子需要爱，特别是孩子不值得爱的时候。

当孩子越说出"我不喜欢你"时，越需要父母的爱。

就在今天早上，我对果果说："宝贝，妈妈正在学习怎么样更好地爱你。"果果听了，眼睛闪亮亮地看着我，然后说："妈妈，我也在学习怎么好好听你的话。我喜欢妈妈。"

那一刻，我的心里如暖流经过，感动得既想落泪，又无比庆幸。

读懂孩子反话背后的原因，会让父母平和面对孩子的言语，让孩子心里有满足感与安全感，幸福得像花儿一样，父母也欣慰快乐。

唯愿这份爱与喜欢的笃定感，伴娃一生，护其周全。

也愿每个孩子，都发自内心地说："爸爸妈妈，我真喜欢你们。"

第 2 章
父母的懂得，是孩子助跑的养分

孩子屡教不改，不如换一种方式

01

朋友的小孩刚满3岁，白天依然一直尿裤子，每天尿湿很多条，在学校是，在家是，每次尿完裤子，朋友都会骂他："这么大了，撒尿还不知道喊？下次如果再尿湿裤子，看我打不打你？"后来孩子还是尿裤子，每次都被打，似乎一点作用都没有。

朋友带孩子到我们家玩，晚上已经睡着，突然听到朋友大声骂孩子："怎么又尿到床上了？尿尿怎么不喊人？"朋友的骂声特别刺耳，好像跟大人吵架一样，完全不像对一个3岁的小孩，竟维持了半个多小时，迷糊睡着的我听着这骂声竟然做起了打打杀杀的噩梦。

孩子半夜几次大哭，哭声撕心裂肺、震动山河。第二天一早朋友道歉："对不起，孩子把尿撒在床上了。还有，昨晚吵到你们了。这孩子，不知道为什么半夜总是大哭？"

第二晚，我和朋友、孩子一起睡觉，睡觉前朋友一再叮嘱孩子："晚上想上厕所一定要告诉妈妈！千万不要尿到床上！"小马桶放在房间里，睡觉的过程中，朋友很警醒，孩子稍微一动，发出点声音，马上起身问孩子："是不是要尿尿？是不是要尿尿？快！"把孩子抱起就提，有两次孩子真的尿了，但更多时候孩子没有尿。半夜，除了把尿的时候会醒，孩子也总惊醒大哭。

第二天早上，我告诉朋友："知不知道宝贝半夜为什么总是哭？因为他太紧张了，你给他太大的压力了。

"晚上原本是安睡享受休息的时间，可是睡觉前你一再叮嘱他，尿尿千万要告诉妈妈，千万不要尿在床上。他知道尿在床上妈妈会生气，他也不想尿在床上，所以他睡觉的时候总是害怕，睡不踏实，特别是他想尿尿，又困得不行时，他只有大哭。

"你的紧张、焦虑、气愤、指责，给了他太大的压力，他更加迷茫，不知道该怎么办。"

02

"那怎么办？"朋友问，"如果不喊他，他就会尿在床上。"

"很简单，用拉拉裤或者尿不湿啊。并且在睡前告诉孩子：'宝贝放心睡觉吧，不用担心会尿在床上，因为拉拉裤会帮助你，你只管好好睡觉，什么都不用想。'睡个踏实的觉，对孩子和你来说，现在比什么都重要。"

朋友接受了，当天晚上，她给孩子用上拉拉裤，并且说："宝贝，今天晚上你安心地睡觉吧，不用想尿尿的事，也不用担心，即使尿尿了，也有拉拉裤，不会把床单和裤子打湿。"她从来没有这样对孩子说过，以前都是叮嘱甚至会恐吓孩子："如果尿尿妈妈就会打你。"

第 2 章
父母的懂得，是孩子助跑的养分

当天晚上，孩子没有哭一次，也没有中间醒来要妈妈抱，一觉睡到天亮。朋友很兴奋，告诉我："这是我们孩子第一次晚上睡过夜！第一次半夜没有醒、没有哭！"

孩子的心踏实了，不用担心做"坏事"会惹妈妈生气和不高兴了，自然就能安睡了。

03

更奇妙的还在后面，整个白天，孩子竟然没有一次尿在裤子上，每一次尿尿，都会喊妈妈。

回家后朋友反馈，孩子再也没有白天尿过裤子，不管是在家，还是在学校。从此，孩子竟自然地学会了上厕所。晚上，也没有再大哭过。

一直让朋友头疼的孩子上厕所和晚上睡觉的问题，竟然就这样轻轻松松地解决了。

原来，孩子需要的不是惩罚，而是体恤。叫他做什么他做不到，指责他，在怒气中打他、骂他，都不能真正帮助他。他也不想这样，可是他不知道该怎么办。内心的紧张、压力和害怕，反而会让他在这件事上越来越做不到。

可是，换一种方式，孩子暂时做不到的，就帮他做到。孩子不喜欢吃饭，强逼着他吃，甚至硬喂他都没有用，孩子不喜欢吃饭，就控制他的零食量，给他吃开胃的食物，做美味好看的食物，孩子不爱吃都难。

孩子晚上还要尿床，如果做不到不发怒气、不训斥，做不到平静

075

地给孩子把尿，做不到即使孩子尿了床也不指责他，而是默默换掉床单。那么，不如给他尿不湿帮助他做到。

告诉孩子应该做什么还不够，帮助孩子能做到才是为人父母最需要的。

04

孩子越小，越难以表达自己的情绪，越渴望得到爸爸妈妈的喜欢，渴望在每件事上让爸爸妈妈满意。当他做不到，当他总惹爸爸妈妈生气时，他也会对自己生气，也会烦恼，也会想改掉，可是甚至他自己都不能察觉出来他的情绪。

这种不知道该怎么办，想做好又做不好的矛盾在他内心时，他表现出来的反而就是更做不到，更不好。

所以，我们做父母的，凡事不要着急，不要紧张，更不要为一件孩子现在做不到的事一味地指责孩子。

这不是纵容，而是学会有智慧地爱与管教。

孩子需要的不仅仅是告诉他要做到什么，孩子更需要的是告诉他怎么样可以做到，是让他知道，即使现在做不到也没有关系，爸爸妈妈会陪你一起学会的。

这样的态度会让孩子安心，会让孩子和爸爸妈妈一起接纳现在的自己，会让孩子知道，任何时候都不用紧张和害怕，因为爸爸妈妈会帮助他，陪伴他一起。

这种笃定感与安全感反而会帮助孩子更快地学会他该学会的事。

其实，我们不也一样吗？我们初到职场的时候，不熟悉工作，老

第 2 章
父母的懂得,是孩子助跑的养分

板也不给我们安排带领我们的人,也不培训我们,就给我们一个任务,给我们很高的标准,并且不停催促我们。从没有接触过的我们做得慢,做得不好,老板就不停训斥我们,嫌弃我们。我们只会越来越紧张,越来越做不好,越来越手足无措。

可是,如果我们的老板先给我们时间,培训我们,给我们安排老员工帮带我们,来了一个任务,先有人手把手教我们,允许我们有成长的空间,第一次犯错后也不太多批评,那么,我们反而能更快上手,老板省心,我们也进步。

孩子不也一样吗?孩子甚至更需要我们的帮助,更需要我们给他们空间成长和进步,更需要我们手把手地教导,而不是一味地批评和指责。

05

有一个妈妈,她的女儿学习不好,总是落后别人,刚开始她总是很生气很着急,总是说:"这么简单你都不会?"后来她接纳了女儿的特质,不得不承认:女儿确实是比别的小朋友成长慢一些。接纳了,才会有真正积极有效的行动。

女儿反应慢,她就陪着女儿慢慢做作业,耐心给女儿讲问题。女儿英语不好,就每天和女儿用英语对话,一起看英语动画片,给女儿抽写英语单词。女儿协调性差,体育不行,就每周末和先生带着女儿到广场去跳绳。

不再焦虑与指责,而是用耐心一点点地花时间陪女儿成长。

没想到,不到一年的时间,女儿的学习竟然慢慢赶上去了,从倒数变到年级前几位，女儿的英语也说得顺溜了，跳绳竟然也能在体育比赛中拿到第三名。

真不可思议，反应迟钝、思维缓慢的女儿，当妈妈不再只是批评她、吼她，而是接纳她，耐心地陪伴她，不知不觉发生的转变竟是她们都没有想到的。

当孩子在一件事上反复惹你生气时，不要再陷在这个旋涡里面，和孩子反复做拉锯战了。而是好好想想，在这件事上可以怎么帮助孩子。

我们做父母的，不要再一味地恐吓批评孩子，而是应该常常给孩子恩典。

因为前者带来更多的恐惧和退缩，后者才能发生真实有效的改变。

允许孩子玩得脏一些吧，好处太多了

01

我的好友阿妍是幼儿园老师，她讲过4岁小男孩轩轩的故事：

轩轩给人的第一印象是特别干净和乖巧。

他的小手伸出来，十个手指甲没有一点污渍。吃饭时，总是很小心，即使不用罩衣，也不会把饭吃到衣服上。

轩轩简直不像一个刚满4岁的小男孩。

阿妍说，最初看到轩轩时，心简直就要化了。可没多久，却变成了揪着的心。

轩轩很不合群。别的小朋友玩滑梯，他站在一边皱着眉看着。学校组织玩水枪大战游戏，只有他没有带水枪，说不参加。看见小朋友玩沙子，他更是瞪大了眼。

阿妍问轩轩："你怎么不和同学们一起玩呢？"轩轩说："我不想把衣服弄脏。"

后来才知道，轩轩的妈妈特别爱干净，不愿轩轩玩任何会导致衣服脏的游戏，也不能去任何看着有些脏乱的地方，家里任何时候都不允许乱。

轩轩虽然成了干净的小孩,却也因此变得谨小慎微,紧张拘束,失去了孩子的天真活泼,令人心疼。

或许大多数父母没有这么极端,可是这样的画面却常常出现:

孩子开心地捡落叶时,大人喊道:"别捡,地上太脏了!"

孩子们玩得兴起倒地时,大人马上去拉:"快起来,别把衣服弄脏了。"

孩子想玩沙子,大人说:"沙子多脏,别玩这个,去坐小火车吧。"

父母希望孩子们学会爱干净,无可厚非。可是如果过于强调与在意,反而会给孩子的成长带来负面影响。

长期从事儿童感统训练的岳老师曾指出:

孩子的皮肤不曾和地面进行亲密接触,触觉体验学习没有得到满足,有可能出现神经体系的"营养不良",影响大脑的辨别能力、身体的灵活性、情绪的好坏。

在这样环境下长大的孩子,除了情绪不稳定,容易紧张,胆小爱哭,也很容易因为太过于爱干净而影响人际交往和生活幸福感。

02

欧美国家非常鼓励和提倡messy play(脏乱地玩),完全给孩子自由发挥的空间,无论弄得多脏、多乱、多糟糕,都任由孩子。

允许孩子有脏乱的自由,其实有助于提高孩子的免疫力。

第 2 章
父母的懂得，是孩子助跑的养分

威海市文登区妇女儿童医院曾接诊过一个1岁多的小病号，小宝宝不仅小便频繁而且哭闹不止，经过尿常规化验，发现宝宝是泌尿系感染。

原因竟出在了妈妈过于注重宝宝的卫生上！妈妈每次大小便后都给宝宝清洗，这种过度清洁导致了宝宝"被洁癖"。

医生说："细菌并不都有害，并且宝宝自身有对抗病菌的免疫系统，过度清洁反而会破坏宝宝自身免疫系统，增加宝宝患病概率。"

我不由得想到果果出生后，家中长辈很多，全家都很宠这第一个孩子，带得特别精细，奶瓶、碗筷要消毒，脏的地方不要摸。

可果果小时候，感冒、咳嗽、上吐下泻的事常常发生，令人担心极了。

小女儿依依出生后，我和老公独自带两个孩子，事情多，人手少，在饮食各方面都带得很粗糙，也不会一直看着孩子不要摸到脏的地方，不要吃到脏手。

相反，依依两年来只感冒过一两次，还都自行痊愈。果果生病的次数也极少。

中国科学院心理研究所博士王贞琳说："孩子的免疫系统，就像大脑需要刺激才能成长发展一样，也需要通过识别细菌病毒来学习、适应和自我调节。"

美国《科学》杂志发布的研究证实，在农场长大的孩子，更多接触到多种病原，对孩子免疫系统的发展大有好处，患各类过敏性病症以及哮喘的概率都大大低于普通孩子。

与大自然的亲密接触，反而让孩子身体更健康。

03

除此之外,放下"洁癖",孩子也能够获得更好的成长。

让孩子拥有探索世界的创造力

北美专家指出,创造力来源于好奇心和爱玩的心态。

英国妈咪大卫·吉娜曾分享过:有一次,当她从厨房走出来看到4岁的双胞胎奥利和查理,把卷筒纸撕得到处都是时,火冒三丈。

好在一瞬间,她管住了情绪,没有发怒,反而耐心地看他们在干什么。

这时奥利细心地找了一条纸,放到乌龟的脖子上,说:"妈妈,我在给它做项链呢!给它现在戴上,晚上睡觉时要拿下来,不然会把脖子弄痛。"

奥利拿起手中的纸屑,喊着:"下雪了!下雪了!"查理立马拿出警车,说:"警车在雪地里开得好快!要小心,路滑!"

哥俩又把挖掘机、铲土车、翻斗车等玩具搬出来了。奥利说:"他们一家带着小宝宝在堆雪人呢!"

妈咪吉娜说:"如果我阻止了奥利和查理的玩耍,把他们骂一顿,然后让他们把凌乱的手纸收拾好,这就阻碍了一次他们想象和创造的机会。大人看来凌乱又脏的东西,对于孩子来讲却能够创造出无限的可能。"

帮助孩子增强动手能力与独立性

依依从吃辅食开始,几乎每一餐,脸上、身上、餐椅上、凳子上全都沾满了饭菜，场面惨不忍睹。

很多次，奶奶和外婆过来玩，都会说："吃得到处都是，太难打扫，不如大人喂。"

看起来的确更麻烦，可正因此，依依从小吃饭不让我们操心，每次吃得特别认真，从来不需要人追着喂，如今吃饭也越来越干净。

果果3岁多时，要陪我一起做蛋糕，结果把蛋液打得到处都是，我控制住了想说"你是给妈妈帮倒忙的，算了，我自己来"的冲动。

耐着性子让果果陪我做，弄坏了重来，弄脏了擦掉。

没想到，从第二次开始，果果就配合得特别好，真的会帮我节省很多时间。

允许孩子在做事中经历脏、乱的过程，孩子才能更快地学会自己动手，喜欢自己动手。

更容易拥有快乐、自由的童年

刚开始看动画片《小猪佩奇》时，我最怕看到佩奇和乔治踩泥坑的场景，因为孩子们看了后也跟着学，下雨的时候最喜欢去踩水坑，还乐此不疲！

渐渐地，这个场景却成为我感触最深，也最喜欢的一幕。

猪爸爸猪妈妈不仅不会阻拦佩奇和乔治踩泥坑，有时还会跟着一起跳。一家人弄得全身上下脏兮兮的，然后倒地哈哈大笑。

对猪爸爸猪妈妈来说，佩奇和乔治能够有尽情玩耍的自由，是一家人共同的快乐。

如同网友蜕变说："像自己回到了小时候的样子，和一群小朋友玩过家家，玩泥巴，家里墙上到处画画……这才是小孩该有的样子，只要没危险,就让孩子尽情地探索吧!"

04

如果父母确实很担心孩子的健康,也真的不喜欢小孩脏乱的样子。那么可以怎么做呢?

允许孩子在家有自由玩耍的天地

尹建莉在《好妈妈胜过好老师》书中写到,她和先生在家中为女儿留了一整面的墙,用作女儿自由涂鸦,发挥女儿的创造力。

为孩子划一个专属的片区,可以是一面墙,也可以是自己的房间。允许孩子在专属区自由玩耍,想怎么乱就怎么乱,想怎么脏就怎么脏,让孩子有释放天性的场所。

这个过程中,给孩子穿上罩衣,既满足孩子不怕脏、尽情玩耍的需要,又能够很好地解决衣服弄脏不好洗的困扰。

之后父母带着孩子一起收拾。

这是教导孩子对自己负责的过程,也是孩子成长的重要一步。

平时提醒孩子:手不要随便放在嘴里,不能捡地上的东西吃。养成饭前洗手、睡前洗澡的好习惯。

带孩子去户外场所,代替让家中脏乱

如果父母实在不想家里脏乱,那么可以带孩子去户外,专门玩沙子,玩泥巴,也可以陪伴孩子一起玩。

上周末,我们一家去沙滩边玩,一个1岁多的小男孩令我印象特别深刻。

他浑身上下，头发上、脸上、衣服上、脚上沾满了沙子，坐在沙土堆里，玩得不亦乐乎。

很多家长看到后，眼神里都带着诧异，有的还忍不住小声说："这小孩多脏。"

男孩的妈妈却始终微笑着看着他，任凭他在沙土里滚、爬、抓、摸。

小男孩突然抓了一把沙往嘴里喂，妈妈完全没有一点惊慌失措，而是走过来，轻轻拿开孩子的手，说："宝宝，沙子只能玩，不能吃。"她让孩子张开嘴把沙子吐出来，擦擦孩子的嘴，又让孩子继续玩。

这幅场景令我很感动，这真是一位懂得让孩子在户外尽情玩耍的智慧妈妈。

多给孩子宽容与鼓励

孩子玩耍时，不要一直叮嘱孩子："别把这个弄乱了，那个弄脏了。"孩子把家里弄乱弄脏时，也不要责备孩子。了解这是孩子的天性，也是孩子成长的需要，多鼓励孩子，肯定孩子。

海桑在诗中写道：

一个小小孩，如果他干干净净衣帽整齐；

如果他规规矩矩，这可并非一件多好的事。

…………

一个小小孩，应该是满地乱滚满街疯跑；

脸和小手都脏兮兮的，还应该有点坏，有点不听话；

他应该长时间玩着毫无目的的游戏。

这才是孩子应该有的真实模样啊!

事实上,这样的日子也不会太久,不过短短几年。

孩子渐渐长大,自然就会告别满地乱滚、喜欢脏乱的阶段,我们不用太着急,太担忧,只需要陪同孩子一起享受这个探索的过程。

网友"一米阳光"的分享触动人心:"前段时间广场上一堆土,下过雨以后湿湿的,带着女儿在广场上玩泥巴玩了两个多小时。晚上睡觉前女儿抱着我说,妈妈你今天真好!"

愿我们做父母的,都会给孩子这样的感动,让孩子有尽情脏乱玩耍的快乐,也有勇于探索世界的自由。

让孩子在这快乐与自由中更好地成长。

第 2 章
父母的懂得，是孩子助跑的养分

让正确的陪玩，成为孩子记忆中的珍宝

01

前两天，好友阿然给我打来电话，话语里全是对儿子小凌深深的懊悔和难过，哽咽得说不出话来，我的心也跟着疼。

小凌2岁多了，却还不会说话，阿然带他去看医生。

医生说孩子的语言发育迟缓，不是先天的，是大人跟孩子的互动太少了。

"你们从来不陪孩子玩吗？平时多陪孩子玩，多跟孩子说话，孩子不至于这样。"医生的责问像刀子一样扎在阿然的心里。

小凌的爸爸在外地上班，一年回来时间很少，而阿然明明当初是为了陪伴小凌成长，所以辞职在家带小凌，怎么竟变成了这样？

阿然现在才意识到自己竟然从没有好好陪小凌玩过。

全职在家后，她被不擅长做的家务弄得手忙脚乱，加上想着小凌是儿子，放养对他更好。

平时的场景基本是：她心里手里忙着家务，儿子自己在旁边玩，从最开始独自躺着看天花板，到后来自己坐着玩手，到后来自己到处

爬、走。

阿然偶尔空了休息一下，就自己看手机或看电视，小凌依然自己玩。

她从没有陪小凌玩过积木，更没有给小凌读过绘本，她很自豪，自己的孩子不像别的孩子那么缠人，她培养了一个独立自主的小男子汉。

直到同龄的孩子早就会说整句话了，小凌还没有说话，阿然才开始担心。

阿然以为自己整天都在陪着小凌，也算是陪他一起玩，却不知道："没有或缺少互动的陪伴不是真正的陪玩。"

小凌的情况虽然只是个例，但阿然的看法却也是绝大多数父母都在犯的错误：我们自以为在陪孩子玩，可是花时间坐在孩子身边不叫陪伴，眼神的关注、语言的沟通、思想的交流才是真的陪伴！

孩子用电视看动画片，我们陪在一边用手机看连续剧；

孩子玩玩具，我们在一旁边看手机边陪着；

和孩子一起玩游戏，我们想着自己的事，孩子说："爸爸妈妈，这样来。"我们心不在焉地说"好"，却做着其他动作，孩子不停喊"爸爸妈妈"，让我们跟着他们这样那样，我们觉得好麻烦。

这样的陪玩只会让孩子感觉到受伤，被忽视！久而久之，将来孩子也只会用这样的方式来"陪伴"父母。不是孩子本身不孝，而是他们从小在父母那里学习到的陪玩模式就是这样啊！

02

另一种错误的陪玩方式，对孩子伤害也很大。

第 2 章
父母的懂得，是孩子助跑的养分

前段时间，女儿结识了一个新朋友：比她大几个月的小女孩妍妍。

妍妍长相乖巧，但一说话，表情就不一样了。

她总是瞪着眼睛命令别的小朋友：

"你们都得听我的！我说了算！""不许！再这样我打你！"

每次妍妍吼别的小朋友，她们倒也乐意听她，可是再长大一些呢？谁愿意自己被朋友不断指挥、命令，甚至一言不合就被说："今天我不想和你玩，走开！"

有一次我问她："妍妍，为什么要别的小朋友都必须听你的呢？"

妍妍昂着头回答："就是必须！她们又不会玩，谁听我的，我就跟谁玩。"

问她怎么动不动就说"打你"，她指着屁股说："我爸爸就是那样，要把我屁股打得开花。"

不久，几家人约着一起带小孩去农家乐玩，平时妍妍都是奶奶带着，那天终于见到妍妍的爸爸。

在陪孩子们一起玩游乐设施时，妍妍在和小朋友玩耍中的表现，原来和她爸爸对她的方式一模一样。

她想玩会儿沙子，爸爸说："不行！女孩子玩什么沙子？去玩荡秋千！"

看到别的小朋友打水枪，她也想，爸爸说："水枪有什么好玩的？走，爸爸带你去画画。"妍妍恋恋不舍地回头看了看，很快跟着爸爸去了。

画画的过程中，爸爸说："不是这样画的。""别用这种颜色。""你不听，爸爸就不陪你玩了！"

好的陪玩，本该是放飞孩子幼小的心灵。我却仿佛看到，妍妍那颗小小的心，反而在爸爸这样的陪玩中，越来越被辖制，越来越受压抑。

一名育儿作家说：

"陪玩第一条，永远不要先想着教，先确保让孩子的大门愿意一直对我们敞开。如果每天真的只有十五分钟给孩子，那就先放下一切，心无杂念地和孩子一起大声地疯笑吧。"

陪玩过程不该是我们继续管教孩子、纠正孩子的过程。

若是我们在陪玩时也一直用父母的权威，命令孩子，要求孩子，孩子不仅越来越不会与人相处，也会越来越不想和父母在一起，甚至成年后也会对父母大呼小叫。

03

在一个模范家庭中，两个儿子成年后和父母的关系特别亲密融洽，愿意抽出时间陪伴父母，这都得益于父母在儿子小时候正确的陪玩方式。

他们家有一个规定，每天晚饭后会有十五到三十分钟的特别陪玩时间，这个时间段玩什么，怎么玩，完全由两个儿子说了算，爸爸妈妈只负责配合。这是孩子们最喜欢的时刻，常常吃完饭简单收拾后，母亲喊一声："你们的时间开始啦！"孩子们就会兴奋地跑过来，和爸爸妈妈一起玩他们准备的游戏。

在这段时间里，他们是完全的引导者，爸爸妈妈什么都听他们的，也都像小孩子一样乐在其中。

原来，真正好的陪玩是：把自己当成小孩子，放下要求，没有指责，全心投入，尽情玩耍！

复旦大学博士、教育学者付小平说："当跟孩子一起玩的时候，我们需要放低成人的身段，放下家长的权威，退回到曾经的童年时代，与孩子一起嬉笑怒骂。"

事实上，当我们变回孩子的模样，投入其中时，就不会觉得陪玩是一门苦差事，不会刚刚才过两分钟，就觉得时间怎么那么久啊，还要玩多久啊，就想对孩子说：你自己玩好不好？反而会像这对父母一样，享受和喜欢这个过程。

这样的陪玩，不仅帮助孩子学会如何与他人友好相处，也使孩子的领导与创新能力得到训练发展，更让孩子感受到被尊重，被认可，在内心深深感激着父母，将来也愿意给父母全心的陪伴时间。

比花时间陪孩子玩更重要的是：用心，专注。

愿我们每对父母都给孩子最好的童年，不给将来留遗憾。

愿每一次的陪玩都成为孩子记忆中的珍宝，被孩子收藏一生。

第 3 章
父母的眼界,给孩子起跑的动力

孩子最好的起跑线，
是父母的远见

别让你的偏见毁掉孩子的一生

随着《家有儿女初长成》的开播，人们再一次陷入了对原版《家有儿女》的回忆浪潮里。

在一片暖心的回忆声中，网友娇娇却说："看了三遍《家有儿女》，每次看都会心疼刘星，也会心疼自己。"

因为娇娇成绩不好，所以父母总是对她有偏见，即使是娇娇的姐姐做错了，父母也会不分青红皂白地先骂娇娇一通，就像刘梅对刘星一样。

为了改变父母对自己的印象，娇娇很努力学习，当她拿着95分的试卷兴奋地给爸爸看时，爸爸竟然使劲打了她一巴掌，然后气急败坏地说，是不是又作弊了！

娇娇最初的兴奋变成了沮丧，继而是绝望。她看着胳膊上火辣辣的血印子，一下子疼到了心里。

弗兰西斯·培根说，真正可怕的，并不是那种人人都难以避免的一念之差，而是那种深入习俗、盘踞于人心深处的谬误与偏见。

不幸的是，这种偏见，正在父母身上悄悄蔓延。

第 3 章
父母的眼界，给孩子起跑的动力

01

《家有儿女》里有一个情节是刘星在家擦玻璃，激动地等着迎接刘梅对他的表扬。

没想到刘梅不仅没表扬他，还训他："你以为我不知道你？你不就是想通过擦玻璃逃避写作业吗？我还能冤枉了你？我正式通知你，你得不到我的表扬，回屋做作业去！快去！"

妈妈的态度让刘星瞬间沮丧到极点，他没想到，妈妈竟然对他有这么大的偏见。

小雪为了安慰刘星，就假装和他同时趴在桌子上睡觉，然后看妈妈的反映。

果然，刘梅立刻把刘星叫醒，大声嚷嚷道："你昨天晚上又玩游戏机了吧？上网玩电脑了吧？"

可转头看到同样在睡觉的小雪，刘梅第一反应竟是："肯定是昨晚复习功课太晚了！快回房间睡，别着凉了！"

我看到这一段的时候不由得心疼刘星，也替刘星鸣不平，凭什么有些孩子就得因为各种各样的原因被父母戴着有色眼镜差别对待？

同样看小说，成绩好的孩子就是有助于阅读，成绩差的孩子就是不务正业；

同样出门找朋友，表现好的孩子就是和朋友商量功课，表现差的孩子就是整天只知道玩；

同样逃课补习班，乖巧的孩子就是确实用不着，调皮的孩子就是贪玩成性；

…………

偏见往往是因为不了解并止步于不了解，要赶走偏见，就别轻易在了解之前下判断。

正如柴静在一次采访中所说：偏见来自无知。

因为父母缺乏正确的教育方式，才会在不知不觉中根据孩子的表现产生偏见，以为这是为孩子好，帮助孩子成长，却不知完全是背道而驰。

02

邻居黄阿姨有两个儿子，都已结婚生子，小儿子大学毕业，外企上班，待遇丰厚；大儿子初中辍学，工作不稳定，经济拮据。

黄阿姨跟小儿子亲，跟大儿子关系不好，经常吵架。有一次，两人又吵起来，大儿子的一句话把黄阿姨气哭，他说："你本来就没我这个儿子，只有你小儿子才是你的儿子。"

黄阿姨又伤心又愤怒：我怎么就养出了你这样的白眼狼！

在黄阿姨心中，大儿子生下来就是为了气她的，以前不好好学习，逃学、当混混，现在结了婚表面安心了，却根本还是老样子，还得她帮着带孩子、补贴家用，除此之外，他对黄阿姨的态度是要多差有多差。

但这一切并非全都是大儿子的过错，黄阿姨也起到了"推波助澜"的作用。因为小的喜静，爱待在家里，大的好动，喜欢出去玩。所以黄阿姨就认定小儿子乖巧懂事，是学习的料，大儿子调皮捣蛋，只知道贪玩。

可是她却忽视了，正是她先入为主的看法，才使两个孩子渐渐走

第 3 章
父母的眼界，给孩子起跑的动力

向了截然不同的人生。

杨百翰大学的亚历克斯·延森博士研究发现：家长对孩子的想法，会影响孩子的学习表现，甚至会影响孩子长成什么样的人，并且随着时间推移，这种小影响会让兄弟姐妹变成非常不同的个体。

博士说："帮助所有的孩子成功，家长需要承认每个孩子的优点，并小心在孩子面前进行口头比较。"

遗憾的是，黄阿姨不仅没在大儿子身上看到一丝优点，还常常毫无顾忌地说：

"你弟弟不仅没用我一分钱，还常常拿钱给我用。"

"你买给我的衣服太难看了，瞧你弟弟眼光多好。"

"你这本事还想做生意，别痴心妄想了，多和你弟弟学学。"

偏见，就像一把利剑，它会扼杀掉孩子的健康发展，只有正视孩子，摆脱偏见，才能让孩子的未来发展得越来越好。

父母不公平的对待，会深深烙印在孩子心中，它很容易毁掉孩子的一生，也毁掉一个本可以幸福美满的家庭。

03

在《家有儿女》里，刘梅的老公夏东海就从来不会带着偏见对待刘星，而是对他和小雪、小雨一视同仁。

有一回夏东海参加刘星的家长会，被老师劈头盖脸一顿批评。夏东海虽然觉得丢脸，但什么都没对刘梅说，因为他不想加深刘梅对刘星"闯祸精"的印象。

夏东海并没有像刘梅一样翻旧账数落刘星，更没有挥起拳头采取暴力手段，他冷静地和刘星就事论事，约法三章。在他心里，无论刘星成绩好坏，他都和其他孩子无异，他一样拥有独立的人格，拥有思考的能力，拥有最起码的尊严。

只有父母摘下有色眼镜，用平和的态度、平等的方式对待孩子，才能帮助孩子建立健全的人格，实现孩子的健康成长。

从小失去母亲的戴尔·卡耐基，小时候就被公认为是"淘气包"。

甚至父亲在迎娶他的继母时，指着卡耐基对继母说："亲爱的，希望你注意这个全郡最坏的男孩，他可让我头疼死了，说不定会在明天早晨以前就拿石头扔向你，或者做出别的什么坏事，总之让你防不胜防。"

9岁的卡耐基从那一刻起就用充满敌意和挑衅的目光看着继母。

没想到继母却微笑地走到卡耐基面前，托起他的头然后看着丈夫说："你错了，他不是全郡最坏的男孩，而是最聪明，但还没有找到发泄热忱的地方的男孩。"

卡耐基被震惊了，他没想到，这个素未谋面的女人竟然没有用偏见的眼光看他，泪水在卡耐基的眼眶里不停打转。因为继母的慈爱和善良，卡耐基有了非常卓越的成就，他被誉为"成人教育之父"，是20世纪最有影响力的人物之一。

爱是摒弃傲慢与偏见之后的曙光，对孩子的善意期待能够引起"实现语言反应"，无疑，继母就是卡耐基最后的那道曙光。

04

好的父母不会根据孩子的行为和表现来给孩子定性，不给孩子贴上"差生""坏"等标签,即使所有人都说孩子不好,好的父母仍会用期待的眼光看待孩子,给孩子最好的引导。

梭洛说:"放弃偏见永远不会为时过晚。"

当父母的,用正确的眼光看待孩子,遇到事情不急着下结论,不着急否定孩子,多俯下身听孩子的心声,用心发掘孩子的闪光点,真的很重要。

每个孩子都是上天所赐的礼物,独一无二,来到世上都有他们独特的价值。

愿每位父母都能理解和信任自己的孩子,让他们充满信心地和这个世界相处,永远热情洋溢,永远善良纯真。

孩子最好的起跑线，
是父母的远见

多带孩子外出见世面，孩子更优秀

知乎上有个热门问答："见过世面的孩子，有什么不一样？"

我看过最动人的答案，是5岁男孩巴乔的父母写给他的信：

你能适应各种生存环境，有能力在未来的生活里遇事不惊，泰然自若；

你的眼里会拥有更广袤的世界，带着包容与好奇之心走得更远；

领略更多的人生百态，你才懂得人生的意义对每个人来说本就不同；

终有一天，你将背起行囊渐行渐远，只愿那远去的背影，宽容、自信、坚强而独立！

他们没带孩子上三万元的早教、进五万元的双语幼儿园、给孩子买八百万的学区房，而是辞去工作，带着孩子环游世界。

希腊圣托里尼、华盛顿历史博物馆、耶路撒冷哭墙……到处留下了孩子小小的身影。

见过世面的孩子，到底有多优秀？

第 3 章
父母的眼界，给孩子起跑的动力

01

见过世面的孩子关键时刻能救自己脱离困境

闺蜜讲过一件惊心动魄的事：

6岁的儿子跟姥姥回山东玩，估摸着下火车一会儿了，却接到姥姥的电话。

姥姥哭着说："怎么办？我把孩子弄丢了！上地铁时孩子先进去，我没跟上，门就关了。"

闺蜜全身发抖，让孩子姥姥在那等着，她马上打电话报警。

她恐惧极了：儿子害怕吗？找不到他怎么办？被坏人拐走怎么办？

令人吃惊的是，不一会儿，姥姥兴奋地打来电话："孩子自个回来了！"

原来，儿子发现姥姥没上地铁后，坐在了最靠门边的位置。

旁边有人问："你这小孩怎么一个人，大人呢？"

他没说话，眼也不眨地盯着地铁门。

第一站到了，他迅速下了车，走到对面。几分钟后，坐上了返程的地铁。

就这样，一站后，他安全出现在了姥姥面前。前前后后不过十分钟。

此时，焦急等待的姥姥正不知所措，简直不敢相信，愣一会儿后，搂着孩子又哭又笑。

赶来的警察连声夸赞：

"孩子太机灵了，一看就是见过世面的，这么淡定，还知道坐对面地铁返程，在最近的站下车。"

警察说得没错。

闺蜜和先生为了开拓孩子的眼界，总是抽出时间，带孩子到各地旅行。

孩子因为见得多，知道世界是什么样子，所以和姥姥走散了，也不慌张，还知道怎么应对。

关于孩子为什么要见世面，有人说：

"是他遇到任何事，都知道有计划A、计划B、计划C。

"是他碰到任何人，都知道如何相处，攻守有道。

"是他无论在世界的每个角落，都会觉得，我有办法，我不害怕。"

见过世面的孩子，去过很多地方，见过很多事物，他的内心会有一种笃定感，知道任何时候不会走投无路，关键时刻还能救自己脱离困境。

02

见过世面的孩子步入社会有更多的优势

知乎网友匿名讲了她的经历：

毕业后，她进了一家公司。和她同时入职的女孩小希，学校和专业评估都不如她。谁都以为她会发展得更好。

哪知五年后，她仍是普通职员，小希却从行政主管到经理，一路开挂。

她一度觉得委屈，认为世道昏暗，领导不公平，否则凭啥升职加薪的是那个不如她的小希？

第 3 章
父母的眼界，给孩子起跑的动力

直到她在感情中受到重创，才意外看清真相。

她的男友是与她有业务往来的一名客户经理，追求她不久后，两人在一起了。

有天无意中发现的一切，令她悲愤至极：

男友和她交往的同时，不仅和别的女人打情骂俏，最可怕的是他早就结婚了！

五个月的时间她竟然没发现？！虽说他和妻子分隔两地，可是他常背着她接电话，过段时间就出差，她竟然那么傻真的相信他？

而令她震惊的是，他先追的人其实是小希，但小希根本没搭理他。

追上她后，他甚至不屑地跟别人炫耀："没有见过世面的女孩，就是好骗。"

那一刻，深深的自卑感和羞耻感使她感到绝望。

事过境迁后，再想起这句话，她才突然明白为什么小希比她更优秀：

公司聚餐，她总是独自吃饭，从不多言，小希却见多识广，领导和同事说什么都能对上话，和小希在一起从不会缺少聊天的内容。

她永远缩在自己的角落，守着业务做事，公司很多人都不熟，小希却和各个部门、上下级单位都能快速熟络，社交能力一流。

一起出差，她只能默默跟随，小希却总是知道当地特色，知道哪里酒店不错，把一切打点得很好，空余时间还能带大家四处游玩，讲解风土人情，有小希同行，总是轻松好玩又长见识。

和她相比，小希实在见过太多世面！

事实上，她们俩家庭条件差不多。只不过，小希父母很喜欢带小希到各处旅行，周末到周边玩耍，假期到更远的城市。每到一地，都带着小希和当地人交谈，小希因此外向大方，也善于观察和分辨人。

而她的父母虽然经济宽裕，却从不带她出门旅行，觉得既麻烦，也没有意义。常说："外面有啥好看的？到处不都一样？有这时间，不如多做点题。"

直到上班，她走出家门的唯一地方就是大学和工作的城市。

因为有钱不买房而走红的徐承华，一百六十天花六十万带孩子旅行，他说："无论贫富，走出家门，多亲近大自然，让身体每个细胞接受丰富多彩的刺激，对于孩子而言，都是富足而必需的营养。"

去过很多地方的孩子，因为见过世面，举手投足都是自信与见识，他的视野更宽广，思维更活跃，人际关系也更好，这些都为他将来步入社会增添更多底气。

03

见过世面的孩子面对生活更乐观豁达

最近，我和孩子跟着出差的先生在外省。

先生说："早该带她们出来走走了。"

俩孩子一个4岁多，一个1岁多，尿不湿、奶粉、换洗衣服……想想路程就不易。

更多的挑战在后面。

出门在外，一会儿小宝拉臭臭了，一会儿大宝要上厕所了，常常忙乱。

最痛苦的是晚上，俩孩子兴奋，怎么也不睡，后半夜了还在床上乱滚，一会儿哈哈笑，一会儿争着趴我们身上。每每总以她们大哭、

第 3 章
父母的眼界，给孩子起跑的动力

我们大吼结束。

我和先生几次崩溃："再也不带她们出来了！"

可这不是我们的初衷啊！

很快调整了心情，放松下来，带孩子出来，就是让她们多见识一下世界，我们自己要先享受其中。

晚上孩子们睡不着就睡不着吧，不再严厉地把她们弄哭，逼着睡觉。

遇见各种状况都当作趣事嘻嘻哈哈打发，竟也悠闲自得。

忽然发现孩子们也变了。

有天游玩得很晚，下起了小雨，在路边站了二十多分钟竟没一辆车，我都觉得好累，以为孩子们一定会大声哭闹，嚷着要抱，吵着要回家。

哪知，小宝依然安安静静地站着，见车就挥着小手，大宝也只轻声说了一句："累了，好想坐呀。"

突然，大宝开心道："我想到办法了！"她把我们新买的两个小收纳盒倒过来放地上，俨然一个小板凳，坐下后，又叫妹妹一起坐。

两姐妹脑袋凑在一块，笑得咯咯的。

夜雨中，看着两个小小的人儿，突然心中特别感动。

很久后，来了一辆两排座的电动三轮车，大宝特兴奋："三轮车是空车！""我们好像在探险！"

两个孩子闪亮的眼神、欢喜的模样，令人觉得一切闹心都值了。

接连几天大雨，没法外出，很担心孩子们待在房间无聊、哭闹。

谁料她们把床当公园、当景点、当游乐场，骑马、爬山、跳蹦床，要多好玩有多好玩。

前几天看过的一切全被大宝带着小宝演绎个遍，我和先生看呆了。

有人问：这么小的孩子去过哪里，长大根本记不住，旅行有用吗？

答案是肯定的。

心理学有一个"吸收性心智"，6岁前的幼儿会无意识地从环境中吸收信息，这种刺激会使他的神经树突快速生长，大脑快速发育。这期间孩子的所见所闻对未来发展都有很大冲击。

孩子的每一种早期经验都非常重要，特别是在吸收性心智的第一阶段——0~3岁的无意识吸收期。

海明威说："如果你有幸在年轻时到过巴黎，那么以后不管你去哪里，它都会跟着你一生一世。"

不要因为孩子太小，就取消带孩子出行的念头。

这些经历会沉淀在孩子心里，成为孩子的祝福。

而带孩子出行，困难越多，成长越多。

正是这样遇见与克服一个个困难的过程，会帮助孩子养成遇事不焦虑、凡事不抱怨、遇难不退缩的乐观心态，游刃有余面对生活一切难处。

也能学会与家人风雨同舟，不彼此指责，不轻言放弃。

04

多带孩子出去见世面，给孩子滋润一生的养分

《真正见过世面的人，是什么样子》一文中描述：

能享受最好的，也能承受最坏的。

第 3 章
父母的眼界，给孩子起跑的动力

知世故而不世故，会讲究也能将就。

总能调整好自己，总能重新拥抱生活。

眼中总有光芒，活成想要的模样。

李亚鹏和王菲的女儿李嫣很好地诠释了这段话，经历过兔唇、父母离异的她，却活得自信、乐观，在台上走秀时光彩夺目。

李亚鹏在李嫣一岁半时带她爬山，李嫣5岁独自走完14公里的山路，9岁踏遍大半个地球。

乐嘉常带女儿灵儿尝试不同的挑战，带4岁的她徒步穿越沙漠，跨过雨林，带她去原始森林，逛湖坐竹排，灵儿喜欢和向往大自然，性格坚韧。

蒙田说："旅行在我看来是一种颇为有益的锻炼，心灵在旅行中不断地进行新的未知事物的活动。"

父母带孩子每一次出行，全心的陪伴、一起探索世界，都会帮助孩子培养出尊重与包容之心，也会用更接纳的眼光欣赏自己。

奥古斯狄尼斯写道："世界是一本书，不旅行的人们只读了其中的一页。"

父母多带孩子打开世界这本未知之书，即便没有太多时间，周末常带孩子短期游，也会在很大程度上增长孩子的见识，扩大孩子的眼界，让孩子因为见过世面，而拥有更宽广的未来。

每趟陪伴孩子的旅行，都折射出父母对孩子深深的爱，这份爱会滋润孩子的心，成为孩子一生的养分。

孩子最好的起跑线，
是父母的远见

父母的见识，决定了孩子交友的格局

前两天，在朋友家遇见了一件很心塞的事。

晚餐时，孩子讲到结交了一个新朋友，聊得特投缘。

朋友问："成绩咋样？"

孩子支支吾吾："那个，不太好……"

朋友脸色一变："给你讲过要和成绩好的孩子玩，不和坏孩子玩，你忘记了？以后不许一起玩！"

"我不吃了！"孩子把碗一推，就回房间了。

我们面面相觑，谁都没心思再吃下去。

父母保护孩子免受不良影响，无可非议。

只是，一味以成绩定好坏，让孩子远离这样的"坏孩子"，真的可取吗？

01

知乎上有位妈妈求助：

"儿子马上要升初三了，他成绩一直排年级前十。可就在这个节

第 3 章
父母的眼界，给孩子起跑的动力

骨眼上，儿子却和社会上的一些孩子成了好朋友，放假的时候还偷偷跟他们出去玩……"

这些"流氓孩子"都是不爱学习、成绩差的高中生。妈妈没收了手机，让儿子好好反省。

没想到，儿子根本不觉得自己有错，说跟他们在一起很快乐，还说选择什么样的朋友是他的自由。

儿子甚至在朋友圈里写道："你凭什么支配我的人生？我没有自己的思考吗？我真是受够你了！"

瞬间，母子俩的关系剑拔弩张。

妈妈说："我承认成绩差不代表是坏孩子，但是作为家长我很希望他不要被这些孩子带坏。"

作为两个女儿的妈妈，其实我特别理解她的感受：明明自己的孩子挺优秀，如果因为结交了"坏孩子"而误入歧途，多可惜啊。

但是孩子和父母的看法往往并不相同。

调查发现：孩子与家长最大的区别在于，家长在孩子交友问题上显得更为现实和功利，但孩子不会这样，他们大多会选择和自己兴趣爱好、性格信念相同的人做朋友。

其实许多父母也从未试图了解过孩子们对待友谊的看法，而是在孩子小的时候，就开始向他们灌输："一定要远离成绩差的坏孩子。"

他们希望孩子整个成长阶段都只跟成绩好的孩子来往。

孩子越长大，父母的这份期望与伴随而来的害怕和焦虑也越多。

这或许才是知乎上这位妈妈和儿子之间关于交友的冲突根源。

可是，这样的教育，对孩子来说真的好吗？

02

表弟从上幼儿园起,他父母就常常跟他说:"以后一定不要跟那些成绩不好的孩子玩。"

这句话深深刻在了表弟的心中。

跟他聊天也总能听出他对成绩差的同学的鄙夷,甚至在我们的大家庭里,表弟也只愿跟成绩好的表姐表弟玩。

表弟看同桌成绩不太好,就从不跟他说话。有一天,同学们跟同桌开玩笑:"你瞧,人家都不搭理你。"

同桌说:"对呀,因为我是坏学生,所以他是不会跟我玩的。"

表弟毕业之后,有一回,我们在街上遇见了他的同桌,偶遇老同学,同桌眼睛一亮,正要跟表弟打招呼。

没想到,表弟只扫了一眼,就继续往前走,留下同桌一脸尴尬地站在那儿。

我讶异地问:"那个不是你同桌吗?你怎么不跟人家打招呼。"

表弟耸耸肩:"我都不记得他叫什么名字了。"

不知怎么,我的心里特别难受。

有人说,在孤立"坏孩子"的过程中,好孩子也会被冷漠、自私、排斥的态度污染了心灵。

在父母对人戴着有色眼镜、分类态度的影响下,孩子很容易产生优越感和功利心,对人分等级对待,没有一颗包容与接纳之心,反而不利于他们将来的人际交往和社会发展。

如果可以,我愿我的女儿将来能够更有包容心,更有温度。而不是小小年纪就变得很功利,在本该天真的年纪里,早早失去纯真的心和发现美的眼睛。

03

在我身上，有一个令身边许多人好奇的现象：

明明我是典型的"乖乖女"、好学生、性格温和安静，怎么什么类型的朋友都有？甚至有许多当时很调皮、成绩不好、会打架的朋友。

但我却觉得很正常，因为他们都很可爱、友善，值得交往啊。

而我这种包容的心态，其实都源于我的父母。

从小到大，他们从未说过："不要和谁谁谁玩。"无论谁到我家做客，父母都不问成绩好不好，只是热情招待。

至今，我仍感激我的父母。

《北京青年报》在一篇关于老师说学生是坏孩子的报道中写道："有容乃大，当孩子们学会以更宽广的胸怀接纳一切的时候，他们的内心会更强大。一个内心强大的孩子，才能勇敢地面对一个不完美的世界，不抱怨，也不被淹没。"

父母教育孩子时，不要特别强调"别和成绩差的坏孩子一起玩"，不要用自以为是的原则去绑架孩子，别让孩子用分数去定义一个人值不值得交往。

父母要教导孩子不轻易评判一个人，学会辨别是非，懂得取舍，明白什么是善，什么是恶。

如此，才会把孩子培养成内心真正强大、有分辨能力和更宽广胸怀的人。

04

亲子专家李长安在一次讲座中说：

儿子读高中时，认识了喜欢跳热舞的朋友，也迷恋上了热舞。他和妻子是很传统的人，根本不喜欢热舞，心里一万个不情愿。

但他们有一个原则：尊重孩子，尊重孩子的朋友。

他们放下自己的喜好，尝试了解孩子的新朋友，也接纳孩子的新爱好。

他们邀请儿子的朋友到家做客，儿子第一次参加热舞表演，他们早早去观看。

李长安打趣地说："我的儿子现在30多岁了，他并没有一直穿着烂裤洞的牛仔裤。"

儿子成年后，给他们写感谢信说：

"当时的生活早已远离，但我仍记得在舞台上，看到坐在观众席为我喝彩的你们，那一刻的感动。"

他仍考上了名校，有很好的事业和家庭，对父母也极其尊重，他们一家也始终致力于帮助更多的家庭。

心理学讲：父母对孩子的影响远远超过其他任何人对孩子的影响，不管是学校教育，还是令父母担忧的"坏孩子"。

与其害怕和焦虑孩子被"坏孩子"影响，不如用最正确的教育态度对待孩子。

05

最近一篇很火的文章《"学渣"儿子，妈妈相信你是来报恩

的》,里面有几段话很触动人:

"是的,他一点都不优秀,几乎每次考试都甩尾巴。可是,他却能安于做好自己,自爱且爱他人,自尊且尊重他人,以一颗包容开朗的心,去对待他周围的人,这难道不是比学习成绩更宝贵的财富吗?"

"自从孩子读书后,我们总是习惯用唯一的标准——学习,来衡量一个孩子的好与坏。这是不对的。孩子是一朵慢慢开放的花,怎能如此单一地去评价?"

有读者说,这才是真正的教育。

若是我们都能如此看待孩子,看待孩子的朋友,有更多元化的接纳态度,我们会少许多焦虑,也能更专注地给孩子最好的教育,更深远的影响。

孩子的成长,藏在父母对孩子的三观和教育态度上。

记住这点,我们的育儿生活会从容很多,亲子关系会融洽很多,我们的孩子会有更好的成长、更美的未来,更令人惊喜的花开时分。

孩子最好的起跑线，
是父母的远见

提前告诉女儿：这种男人千万不要嫁！

"他还是个孩子！"

前一阵，这句耳熟能详的话再次上了微博热搜。

令人瞠目结舌的是，这"孩子"已经31岁了！

他因用假驾照被处罚，陪同前往的父母情绪激动："你们太过分了！他还是个孩子，才31岁！你们为什么罚那么重？"

啼笑皆非的同时，身为女孩的妈妈，我也禁不住深思起来。

女儿啊，妈妈希望你将来幸福，当你有一天渴望走进婚姻时，一定记住：

如果对方的父母说"他还是个孩子"，这种男人千万不要嫁！

01

新闻中，该男子已经31岁了，到交警大队接受处罚，居然要父母陪同前往。

可想而知，他在生活中很难自食其力，又如何给自己的妻子幸福，如何守护一个家？

第 3 章
父母的眼界，给孩子起跑的动力

这样的男人，习惯了依靠父母，没有成长的动力、立足社会的资本，连自己的幸福与安稳都无法保证。

一名24岁的男子，不仅平时时不时偷拿父母的钱去网吧，还将父母辛苦存了十多年的二十多万元积蓄，在两个月内，全部打赏给网络主播，想想就令人心寒。

被父母发现后，离家出走。

父母无奈找到直播平台要求退钱，对方回应：很抱歉，他已经是成年人了。

有人说：要嫁什么样的人，就看他生活在什么样的家庭环境中。

我的女儿，你嫁人不必非富即贵，但一定要记住最基础的底线：

他一定是堂堂正正的成年人，他热爱工作，能自食其力，不伸手向父母要钱。

你要嫁的，应该是一个能担当起家庭重任的男人。

他不会轻易因为他人的意见而伤害你，他有底气、有资本呵护自己的妻子。

绝不是依赖父母过日子的"寄生虫"和"妈宝男"。

02

《金牌调解》节目中，一对母子令人印象深刻。

从小宠爱儿子的母亲，投资失败后，欠了一大笔钱。

儿子却因失去经济来源，怨恨和指责母亲："要不是我妈，事情也不至于发展成现在这样。"

一位养育专家说："我们用帮助来掩盖控制，让孩子不懂得为自己的事情负责。所以，我们的给予，成了应该；不给予，成了罪过。"

当一个成年人不懂得承担应尽的责任，遇事推脱，又如何指望他在家庭中有担当呢？

现在尚且怨恨和指责母亲，将来在婚姻中遇到困难，更会一味逃避与推卸责任，真正是"夫妻本是同林鸟，大难临头各自飞"。

美国一位叫特丽雅的工程师非常漂亮，曾在业余时间当模特，还入选了澳洲地球小姐，后来认识了帅气的迈克，两人相恋了。

没想到意外发生了。

特丽雅在参加马拉松比赛时，遇上了森林大火，被救活的她烧伤面积达65%，只剩下三根手指，模样惨不忍睹。

所有人都以为迈克会离开她。

迈克却说："我不会离开她，她仍是那个令我如此深爱的女孩。"

他辞去了工作，日夜守护她，陪她做康复治疗，包容她因压力而有的暴脾气，告诉她："你很美，一切都会好起来。"

她重新慢慢开始跑步、锻炼、骑自行车、冲浪。三年后，再次参加马拉松比赛、铁人三项比赛的特丽雅，脱下面罩，成了澳洲家喻户晓的励志明星。

两人结婚了。迈克深情地说："不管她变成了什么样子，我都爱她。我爱她的灵魂，她的性格，她是我唯一的梦中情人。"

朱明然说："有一种力量是从你那个跳动的心中发出的，它会指引你去做你认为重要的事，并且一定会竭尽全力，这就是责任心。"

有这种力量的男人，才谈得上爱妻子，才能够在任何困境中，都紧紧握着对方的手，真正履行"不离不弃"的"婚礼誓词"。

我的女儿，妈妈希望你擦亮眼睛，一定要找一个有担当的男人。

他遇事不抱怨，不推脱，更不会指责和怪罪身边的人，而是会勇于承担责任，积极寻找解决办法，与你一起过积极向上的生活。

03

前段时间，杨奶奶把自己的儿子媳妇逼离婚了。

她看不惯儿媳总是说儿子每天啥都不管，不带孩子，不做家务，白天还蒙头大睡，常常到中午才起床。

每次儿媳刚说两句，杨奶奶就会马上跟她吵起来："他还是个孩子！让他多睡一会儿怎么了？把他叫起来干什么？"后来，干脆逼得他们离婚了。

30多岁的男人，已经为人夫、为人父了啊！

"丧偶式育儿""巨婴式老公"形成这一现象的根源，就在于有一个总认为儿子"还只是个孩子"的妈妈。

知乎一位网友讲过自己的经历：

她生下孩子后，老公就被婆婆赶到另一个房间睡觉，说："他自己就是孩子，哪里会抱小孩带小孩。"

为了孩子的成长中有父亲的参与，她说服老公和自己搬了出去，有了自己的小家。

在她的影响下，老公渐渐开始会带娃、做家务，这才是夫妻搭配的美好模样。

只是很难改变的是，每次婆婆一来，老公就会秒变小孩，瞬间完全不管家务不管孩子，只看手机、打游戏、看电视、睡觉，因为婆婆会抢着做一切该他做的事。

李长安曾经说过一句话:"我的妻子也很累啊,我回家当然要抢着做家务。"

他每次回家,会让妻子坐在沙发上休息,而他则跑到阳台上,取下晾干的衣服抱到沙发上,边叠边陪妻子聊天。之后,拖地、洗碗、带娃,忙得团团转。

我的女儿,婚姻不是一个人的事,从你小的时候,妈妈就教你做家务,是希望你长大后能够有精致的生活,享受生活琐碎的美好,将来也能和爱人彼此照顾。

而不是既当孩子的妈,又当老公的"妈",凭空多养一个"儿子"。

妈妈希望你能够找到,和你一起主动承担家庭责任的男人,这样的男人才会是好老公、好父亲,这样的婚姻才幸福。

婚姻不是童话的开始,而是新的功课,新的成长。

这期间,有一条条的关卡等着你们携手闯过,有一道道的难关等着你们一同迈过。

张晋曾对蔡少芬表白:"风雨已经同路,希望有更多的风景让我们去同路。"

能一起经历风雨的男人,才配一起看风景。

要共同看风景的男人,也必定风雨同行。

我的女儿,妈妈希望你能嫁给一个疼惜你、爱护你,有担当、有责任,与你既能共度风雨,又能共赏风景的男人。

这个男人一定不是父母口中的"他还是个孩子",而是顶天立地的男子汉。

培养孩子创造幸福的能力，比什么都重要

01 教会女儿创造幸福，不依靠别人得到幸福是养女儿的最好方式

怀上果果时，高先生很欢喜，时不时摸我的肚子，脸贴在肚子上，对着果果说话。

某日，他说："果果，爸爸希望你是儿子！"我心顿时凉了半截。

没想到他接着说："如果你是儿子，将来最多生活压力大，身体累点苦点，如果你是女儿，将来不能像妈妈一样遇到一个好男人，找不到幸福，心里得多累多苦啊，爸爸太心疼了。"

我笑他自夸的同时，也十足感动：原来，他不是不喜欢女儿，而是太爱女儿。

我们养女儿的，真是又爱又怕，因为女儿，心里暖化了；因为女儿，又有太多担心。

思来想去，我们害怕女儿找不到幸福，或迷失自己，不如我们努力培养女儿创造幸福的能力。一个人时她过得满足而快乐，就不会轻易在别的男人或虚浮事上寻找安慰，就算将来结婚，也更有能力建立幸福的家庭。

女儿啊，你能创造幸福，而不是依靠别人获得幸福，就是爸爸妈妈最大的欣慰。

02 培养女儿幸福：适应环境，用心当下

六一儿童节前，某天放学后，果果噘着小嘴，很不开心。

她说："妈妈，我不想站在第四排，我想站在第一排的最中间。不然我就不想跳舞了！"

奶奶听说后，请我去告诉老师一声，让老师给果果换个位置。

可是，如果遇见任何事，都让周围的人来调整和迁就，我的女儿，将来独自面对社会，社会给的不是她想要的，她会多容易沮丧和受挫啊，哪里会觉得幸福？

我对奶奶说："不用的。"

我搂着果果，对她说："宝贝，你站在后面，爸爸妈妈一样能看见你，也看得特别清楚呢！"果果的表情一下轻松很多。

好巧不巧，那晚第一次给果果读《安吉丽娜与公主》的故事，安吉丽娜排练时因为生病，忘记舞台剧的动作，没有当成主角，她很难过。

妈妈安慰她："也许并没有什么不公平，世界上的事不总是不如意的，你可以尽力把自己的那一部分跳好，别管角色是大还是小，都在为舞台剧做贡献。"

真是贴合我们的现状呢！我赶紧把这话改了改，告诉果果："宝贝，你只要站在你的位置上，不管是前还是后，跳好你的动作，就很棒很棒啦！"

节日当天，果果表演得很认真，下台后，我问她："今天跳舞开不开心？"果果笑着点头说："开心！"

故事中，安吉丽娜认真跳好配角，也向主角学习，临场时她替补了因故缺席的主角，成为全场的中心。

而我的女儿，不管她将来在什么样的位置，只有她踏实努力快乐地享受，才有机会站在更闪亮的位置。即使她在角落，只要她懂得快乐和享受，这不就是最重要的幸福吗？

03　培养女儿幸福：感恩环境，没有抱怨

有一段时间，果果很容易生气，动不动就说："烦死了！"

纠正了好几次都没用，有天当我哄她睡觉，她迟迟不睡时，生气的我发怒："烦不烦你！"话一出口，我呆住了，原来女儿是跟我学的！

那些日子，刚开始亲自带孩子做家务，很多繁杂事一并而来，心里总有股无名的火。

去充电费，楼下小卖部没有存钱到机子里："真烦，又得跑一趟。"送果果上幼儿园，发现书包落在了家里，得返回去拿："好麻烦！"

不行不行，为了女儿能够过得幸福快乐，必须赶紧调整了。不管遇到什么烦恼的事，都抑制住自己想抱怨的心和口。

同时随时提醒自己和孩子："瞧，这事多好，多开心呀。"用感恩和喜乐的眼光看待生活。

有天，开车送果果上学，到了学校外，还有一个停车位，我说：

"宝贝，每一天我们都有好多开心的事呀！你瞧，我们今天来这么晚，居然还有停车位，太开心了！"

果果慢悠悠地回答："妈妈，没有停车位也很开心呀！"

哇，真是把我感动得不要不要的。

有了这样的心态，还怕女儿不幸福吗？

04 培养女儿幸福：不取悦别人，欣赏自己

有段时间，果果特别在意小区里有没有小朋友和她玩。

一次，她到小区找小伙伴玩时，把新买的鞋子给她们看："我爸爸给我买了一双公主鞋。"想让大家喜欢。结果小伙伴不屑地说："一点都不好看！""根本就不像公主。"

有时，小伙伴们先玩起来，她去了之后，没人理她，她想加入，小伙伴们说："不要，不想和你玩！"就剩她一个人可怜巴巴的。

看着被朋友拒绝的她，我心里也好难受。

我帮她想怎么让朋友们跟她玩，可是小孩子嘛，就是有时你不想和我玩，我不想和你玩。所以我帮助她的不是让所有人都喜欢她，都愿意和她在一起玩，而是当有人拒绝她，说她不好时，她该怎么办。

我对她说："宝贝，不管别人怎么看你，你在爸爸妈妈眼中都是最好最乖的，不管别人说你像不像公主，你就是爸爸妈妈的公主，不管你的新鞋子别人觉得好不好看，爸爸妈妈都觉得好看。别人怎么看你不重要，只要知道爸爸妈妈怎么看你，你也要这样看待你自己。"

"如果有小朋友喜欢和你玩，很好；如果小朋友暂时不和想你玩，也没有关系，你可以和别的小朋友玩，或玩其他的呀，等她想和

你玩的时候再一起就好。"

每天反复说，渐渐，果果就能够很坦然了，遇到有小朋友不愿和她玩，大大方方地走开，对方再叫她时，也不计较，开心去玩。小朋友说她衣服不好看时，她笑着说："没关系！我觉得好看！"

奇怪，当她不刻意想别人和她玩时，反而现在她的朋友最多，同龄的小朋友全都爱和她玩。

有次果果选幼儿园要用的盆栽，她挑啊挑啊，最后挑了一株在角落里一点不起眼、叫不上名字的植物，店家劝了她很久选别的小朋友都选的大的、漂亮的、耀眼的植物，果果都坚持她的。

店家说："小朋友，你这个拿到学校去，万一被别的小朋友笑呢。"她说："我就喜欢这个。"

在她心里，它是特别的，独一无二的，别人觉得好不好有什么关系？

所以，最重要的不是取悦别人，而是欣赏自己。

05 培养女儿幸福：会心疼人，有温情度

有次陪果果玩时，我不小心坐在她新玩具的盖子上，只听咔嚓一声，漂亮的盖子碎了。

没等我道歉，果果马上问我："妈妈，你屁股坐痛了吗？小心点！"丝毫未提她的盖子。

我不小心把手切了，她帮我包创可贴，用嘴吹伤口，之后每次见我用刀，都说"妈妈，你小心点，别把手切到了。"我摔倒了，果果马上问："妈妈，你痛不痛？"

果果对我们的态度来自我们对她的态度。当她不小心摔倒或受伤时,我们没有很强硬地要求她自己爬起来,也没有说"这点伤不算什么,要坚强"或是"有什么好哭的?"

我们总会第一时间到她的面前,抱着她,吹吹她的伤口,安慰她:"摔痛了吗?宝贝,妈妈好心疼,下次一定要小心点。"

被安慰的她并没有变得更脆弱,而是变得更有温度。看到小区里有朋友在哭,她会去抱抱,甚至将自己手上仅有的零食给对方,安慰对方。

这一点在人际关系交往上非常重要,能让她收获更多的朋友,也是创造幸福的重要环节。

06 培养女儿幸福:宽厚待人,善良温和

有次,幼儿园开展活动,孩子们站在阶梯上拍合影时,果果被后面的小男孩推了一下摔倒了,鼻子、脸部擦伤严重,好在没有大问题。

那个男孩是果果班上的,第二天去上学前,果果说:"妈妈,他推我,我不想再跟他玩了。"我搂着她说:"宝贝,你被他推倒,很难过,妈妈知道,但我们原谅他好不好?他一定不知道你会伤得这么严重,也不会想要故意伤害你。"果果迟疑了一会儿,点头说:"好吧。"

虽然看着果果擦伤的鼻子和脸,我们心疼得不得了,可是也没有更多去追究男孩的家长和学校,没有拉着他们论理不放。

比起现在为此事的争执,我们更在乎女儿将来如何面对这样的事,她内心的幸福感如何建造。

我们相信，宽厚待人的女孩永远比习惯追究的女孩更快乐，我们心里不能饶恕，折磨和损失的先是自己。为了女儿能更幸福，我们不遗余力地引导她学会宽容。

某天，我在怒气中打了果果，心里又内疚又难过。事后跟她道歉："对不起，宝贝，妈妈不该发火，你原谅妈妈好不好？"

果果抱着我说："没事，妈妈，我爱你。"

我的鼻子一酸，泪就落了下来。

这样的女儿多暖啊，更重要的是，当她的心里早就原谅妈妈的发火时，她也不会再难受，而是知道妈妈依然爱她，她所感受到的仍然是幸福。

前不久，妈妈群里传了一个去年的视频，孩子在游乐场争玩具，家长介入进去，为自己的孩子抱不平，最终打了起来，造成一人死亡、三人被捕的结局。

听着视频中孩子的哭声，看着怒气中揪打彼此的父母，和最后被椅子打倒趴在地上再也起不来的父亲，真的好令人心痛。本来是爱孩子，护孩子，却偏偏给了孩子最大的伤害。

07　愿每个女儿都幸福

培养女儿创造幸福的能力，不仅是让她不必依靠别人而获得幸福，更重要的是把她的幸福传递给身边的每个人。

女人看似柔弱，作用可大着呢！她的影响力非同一般。

先是小伙伴、同学、朋友、同事……再到她结婚生子后，她自身创造幸福的能力，能够极大程度上影响将来婚姻与家庭的幸福感，带动整个家的情感走向。

她不必苦苦祈求别人给她幸福,她自己就已经具备超级幸福力,这比什么都重要。

愿天下每个女儿都幸福,每对父母都欣慰。

这样养儿子,"皮夹克"变暖男

明星胡可曾发微博晒出一组逛街时儿子帮她拿东西的照片,看了让人觉得心都暖化了。

胡可曾说:"当上妈妈之后,我变得很勇敢,因为儿子就是我最坚强的后盾。"

是呀,这个"后盾"实力宠妈,如同厚棉袄,简直不能再强。

不过培养这样的儿子,也需要花费一番心思。

比如胡可有一个秘诀是"示弱",为了让安吉成为她照顾小鱼儿的帮手,她会适当退后,请他给弟弟冲奶粉,购物时为弟弟选纸尿裤。

安吉不仅成了暖哥哥,更带着弟弟一起,成为妈妈的暖心"小棉袄"。

其实,只要做到以下四点,你也能拥有一个"小棉袄"儿子。

01 爱的沟通

TFBOYS组合中的易烊千玺,圈粉了很多妈妈,因为他太会向妈妈表达爱了:

为妈妈唱感人的歌曲《当你老了》；

给妈妈写充满爱的家书："谢谢您，亲爱的老娘，不论怎样，一定爱着您。"

其实，在他小时候，妈妈对他特别严格，带着他四处学艺和奔波，小小年纪的他受过很多苦。

他不仅不抱怨，却特别爱妈妈。

很大程度上，因为妈妈会向他表达爱，与他有许多贴心的互动和沟通。

在他18岁的生日会上，妈妈对他说了很多话，和他一起回忆过去的艰难：

"还记得你第一次在公交车后面换衣服、写作业、吃炒粉炒面，从一开始的不好意思到后来的渐渐熟练……"

满满都是爱。

在他的求艺路上，妈妈始终陪伴他鼓励他。

如今，也会想尽办法去看他表演，用心支持他。

妈妈懂得表达爱，儿子才会感受与回馈爱。

想起前不久在新闻中看到的另一对母子的故事，结局却令人难过。

妈妈为了培养儿子成才，从初中开始一直陪读，没想到儿子却越来越叛逆，越来越不愿意学习，甚至对妈妈恶言相向。妈妈的内心伤痛无比。

她虽然爱儿子，却不会表达，每天只是逼着儿子学习，对儿子说话的方式也总是吼、打骂、呵斥，儿子感受到的是无法喘息的控制。

《儿童爱之语》中提道："父母要学会用孩子能接受到的方式去

表达爱,因为孩子能感受得到的爱,才是真正的爱。"

女孩娇弱,让人心生怜爱,大多数父母会自然表现出宠爱,让女孩清晰感受。男孩天性更活泼好动,加上希望男孩更坚强,因此对待儿子时,父母很容易忽略这点。

多和儿子进行爱的沟通,才会收获儿子所甜蜜表达的爱及满满的幸福感。

02 培养同理心

霍思燕非常注重培养儿子嗯哼的同理心,早早在儿子的心里种下善良的种子:

她带嗯哼去慈善卖场,参加义卖活动,给嗯哼讲需要帮助的早产儿的情况。

她告诉嗯哼:"现在他们离手术费的差距还很大,他们又急需救助,所以妈妈决定,把剩下的钱全部帮他们补齐,你看好不好?"

在她的用心培养下,嗯哼不仅愿意放弃给自己买玩具的钱,还主动把义卖的钱全部捐出来。

除此之外,霍思燕与嗯哼交流的过程中,也充分地体现了她对儿子的同理心。

如同胡可所说:"我和儿子的关系是很平等的,如果儿子犯了错误或者淘气的时候,我会自己先冷静下来,站在儿子的角度看问题,再去教育儿子。"

霍思燕也一样,她没有用父母的权威要求儿子,而是用非常平等的态度与嗯哼交流,取得嗯哼的理解,征得嗯哼的同意。

被同理心对待的儿子,也会同理心对待妈妈。

嗯哼能捕捉到妈妈想爸爸的失落,会围在妈妈身边,逗她开心,给她一个十连亲……真是甜到心坎里了。

03 放手与示弱

朋友小玲培养儿子的方式,令身边人称赞。

从儿子半岁开始吃辅食时的用手抓,到用勺子舀,再到后来用筷子,一路走来,都让他自己动手;

一岁半开始会自己穿凉鞋,帮妈妈把垃圾扔到垃圾桶;

2岁开始会帮着收拾碗筷……

从儿子很小开始,就让他做一些力所能及的事。

不仅如此,她还常对儿子说:

"妈妈不懂怎么弄这个,爸爸不在家,你来教教妈妈吧。"

"妈妈今天累了,你帮妈妈拖地好吗?"

儿子渐渐长大,越来越会心疼和照顾妈妈:妈妈下班回家,为妈妈捶背;妈妈生病了,帮妈妈倒水,监督妈妈喝药;妈妈出去旅行,帮妈妈提前梳理路线,写下注意事项……特别令人感动。

《少年说》中的男孩付轩昂,有一个严格要求他做家务的妈妈。

妈妈会让他参与各种家务,扫地、擦桌子、刷碗、摘菜、焖饭、煮粥、拌凉菜等他都会做。

妈妈说:家务劳动会让你有耐心,有爱心,会让你对家人承担责任。

懂得示弱,学会放手,引导儿子做家务,儿子才会看到妈妈的需要,成长为体贴的暖心儿子,将来也会是疼爱老婆的暖男老公。

04 孝心的激发

有一位智慧的妈妈记录了自己养儿子的经验:

从儿子2岁生日起,她就告诉儿子:儿子的生日,即是母亲的难日。

每年儿子生日,她都会给儿子讲述怀他、生他所承受的苦累和疼痛。

让儿子从小就要在生日当天向妈妈表达谢意,长大后给妈妈做生日饭,送妈妈礼物。

5岁以前,爸爸会带他去采野菊花送给妈妈,稍大一些,他会自己收集废品卖钱给妈妈买礼物。

不管儿子送她什么礼物,她都表现出极大的兴趣,告诉他:"我为你的懂事、体贴和孝顺感到骄傲,我是世界上最幸福的妈妈。"

儿子渐渐地长大,不仅会在妈妈生日当天向她表达孝心,也会在其他任何节日,为妈妈准备礼物,书籍、面膜、口红……只要是妈妈用得着的,他都会想到。

儿子却觉得,他才是那个最幸福的人,因为妈妈教会了他感恩与孝顺。

英国作家狄更斯曾说过:"所有杰出的非凡人物都有出色的母亲,到了晚年都十分尊敬自己的母亲,把她们当作最好的朋友。"

激发儿子的孝心,培养感恩的儿子,既暖透自己的心,也暖透世界的心。

孩子最好的起跑线，
是父母的远见

关于儿子，有人曾调侃说：

女儿是"小棉袄"，儿子像"皮夹克"，冬天挡不住风，夏天穿着热，还死贵，捂出一身火疖子只有自己知道，还得强忍着到处吹牛。

没错，养儿子的过程，可能比养女儿更难、更累，更像打怪升级，毕竟男孩天性更活泼好动，免不了让妈妈更多操心。

但在爱的沟通、同理心的培养、适当的示弱及孝心的激发中，在浓浓的爱的养育下，儿子们也能成为温暖妈妈的"小棉袄"。

愿每一个有男孩的家庭，都有一个暖暖的棉袄儿子，一个幸福轻松的快乐妈妈。

儿子成"小棉袄",暖化妈妈的心

01

男生秦彪念高三时上了微博热搜,只因他为妈妈织围巾。

在视频中,秦彪戴着眼镜,穿着不同衣服,在不同地方,埋着头认真给妈妈织围巾,既呆萌又感人。

"冬天天气冷了,妈妈早上出去有点冷,就想着给她织一条围巾。"

围巾已经织了一个月了,中间出错的次数多,所以织得慢,为了赶上妈妈生日送给她,还熬了四五个通宵。

秦彪说:"给妈妈织围巾比玩游戏有劲多了!"

拍客采访妈妈时,妈妈眉眼里都是幸福:"儿子特别用心,我将收到无价的暖心牌的围巾。"

网友们纷纷留言:

"长大也是个暖男,我喜欢。"

"多好的孩子呀!真暖心!"

"好乖好体贴的儿子。"

"真好，希望以后我的孩子也这么懂事。"

真是暖化了一众老母亲的心，不仅懂得心疼妈妈，知冷知热，还亲自付出行动，想方设法为妈妈"御寒"。有这样的儿子，睡觉也要笑醒。

02

邻居小琳怀孕时，心心念念只想要女儿。

没想到，生下来却是儿子，她的心都快碎了。

偏偏出院当天，还遇见一个2岁多的小女孩，留着樱桃小丸子的发型，穿着小公主裙，眼睛大大的，奶声奶气地喊"阿姨好！"

瞬间鼻子一酸，眼泪哗哗地往下落，大哭了一场。

出月子后，每次推着儿子在小区玩时，她都特别爱逗别人家的女儿，满眼都是羡慕。

然而渐渐地，她开始变了。

几年后，有人问她还念着生女儿吗，她笑着摇摇头："我儿子很好。"

儿子6岁时，有一回，只有他俩在家。她有些不舒服，就想靠在沙发上睡会儿。

在一边玩的儿子看见了，跑来问她怎么了。她说："妈妈有点头晕，想休息一下。"

儿子说："不能在沙发上躺，妈妈你快到床上去。"

等她躺好后，儿子还像模像样地帮她披被子，跑去拿来她的水杯说:"妈妈,给你喝水。"

她的心简直要化了。

后来,儿子自己在客厅玩,但是玩了一会儿,儿子又跑来问她:"妈妈你好点没?"玩一会儿,又来问。最后索性,儿子搬了个小凳子过来,坐在妈妈床边,守着妈妈。

有了这样贴心的儿子,哪里还遗憾没有生女儿?

03

不只小男孩会暖妈妈的心,成年后的儿子们暖起来,也不得了。

《人民日报》曾发了一个视频:

45岁的杨叶红,抱着白发瘫痪的母亲,坐在台下看村里的文化扶贫演出,一抱就是两个小时。

自从母亲瘫痪后,杨叶红就不再外出打工,在家给母亲喂饭,抱母亲晒太阳,给母亲按摩双脚,半夜还会给咳嗽的母亲捶背。

都说儿子不像闺女可以说贴心话,杨叶红却喜欢和母亲聊天,母亲给他讲过去的事,他给母亲讲外面的事。

杨叶红说:"照顾母亲,让母亲高兴,我也很开心。"

母亲虽然老得牙齿都快掉光了,笑起来却嗓门洪亮,她说:"演出那天,他抱我去那里玩,走哪里他都抱着我才能去。"

小广场上观众只能坐硬板凳,母亲坐不稳,杨叶红说:"不抱着怕她摔倒,抱着她肯定会舒服些。"

哪一个人不希望有这样孝顺的儿子,让自己快乐幸福地安度晚年呢？

近期，网上还被另一位儿子刷屏了。

31岁的王强，为了患有阿尔茨海默氏症的妈妈，每天扮演高中生，因为妈妈的记忆只停留在那时候。

他每天一下班就回家，把手机调成飞行模式，就为了穿着高中校服和母亲视频，"校服现在穿着都有点小了，但还是要穿，穿着才像高中生。"

有网友说："看了这个，我控制不住地流泪。"

事实上，这样的日子已经三年了。

如果不是他的手机遗落，被好心的路人捡到，也许我们永远都不知道，在这个世界上，会有一个这样的儿子，在一千多个日子，日复一日地扮演高中生，只为母亲开心。

他穿的哪里是高中校服，分明是满满的爱啊！

04

关于儿子和女儿的区别，有人调侃说：

生儿子能高兴两天，出生那天、结婚那天，剩下天天不高兴；生女儿有两天不高兴，出生那天，结婚那天，剩下天天都高兴。

尽管儿子似乎天生比女儿更调皮难管，养儿过程也更辛苦，但是儿子也能被养成最暖的"小棉袄"。

霍思燕接受记者采访时谈到嗯哼，说自己其实一直是个女汉子，"自从有了嗯哼以后，才被他宠成了个公主"。

第 3 章
父母的眼界，给孩子起跑的动力

嗯哼喜欢给妈妈制造惊喜，捡到漂亮的石子，或路边的小野花，都带回家送给妈妈，说："以后长大了，我要给妈妈买玫瑰花，买钻石。"

爸爸不在家的时候，看到妈妈想爸爸了，围在妈妈身边，逗妈妈开心，给妈妈一个十连亲。

嗯哼说："妈妈化妆好看，不化妆也好看。""妈妈是自己和爸爸都需要保护的小公主。"

真是甜到心坎里了。

网友说："这么暖的儿子，一定是用爱培养出来的。"

没错，霍思燕花在嗯哼身上的时间和精力非常多，关注嗯哼的内心，耐心引导他，用心培养他的性格，经常鼓励他，说爱他。

同时她还会带嗯哼去慈善卖场，培养他的善良和同理心。

教嗯哼做番茄炒鸡蛋；教他做家务，懂得为妈妈分担。

会故意在嗯哼面前撒娇、服软，玩滑梯时，表示滑梯太陡，自己心里会有点害怕，嗯哼就告诉妈妈："我保护你。"然后霸道地护在妈妈面前，教她闭上眼，和她一起从滑梯上下去……

在妈妈的用心引导下，儿子们也能甜透妈妈的心，让妈妈觉得这辈子都值了。

前不久生下第三个儿子的张柏芝，有一次在节目中说："我觉得世界上没有什么东西，比当妈妈更开心。"

是啊，不管是儿子还是女儿，不管现在养育他们的过程，有多辛苦，有多难，但是成为他们的妈妈，用心看着他们成长，本身就是一件非常酷、非常美好的事。

孩子最好的起跑线，
是父母的远见

因为有了你，我的孩子，妈妈才明白更多的爱，经历更多的感动，收获更多的幸福。

谢谢你，我的孩子。

也祝愿天下每个妈妈，都有一个暖心的孩子，无论是儿子还是女儿。

第 4 章
父母的格局，引导着孩子不跑偏

孩子最好的起跑线，
是父母的远见

这样养孩子，比穷养更可怕

前段时间，一条微博热搜看得人心里揪着难受：

妈妈催儿子上学，儿子不仅赖床不起，还嫌妈妈烦，用手推搡妈妈。

妈妈哭着报了警。

警察对孩子说："她是你母亲，你不能对母亲动手。"

儿子回答："是她先逼我动手的！"

隔着屏幕，深深感受到妈妈的无助与绝望。

网友评论说："养了个白眼狼。""报警是对的，否则不知道将来会做出什么事来。"

诗经有言：哀哀父母，生我劬劳。

其实，对于父母来说，辛苦劳累不算什么。最悲哀的，莫过于为孩子掏心掏肺，却把孩子养成狼心狗肺。

01

一家眼镜行里，妈妈给读高中的儿子配了崭新的眼镜。

第 4 章
父母的格局，引导着孩子不跑偏

等待期间，儿子埋着头专心玩手机游戏。

妈妈付了款，把回执单递给儿子。

没想到，儿子暴怒，对妈妈大打出手。理由竟是妈妈挡住了他的手机，影响了他打游戏！

联想到新闻中，13岁男孩杀死母亲后，漠然地说："我又没杀别人，杀的是我自己的妈妈。"

心里不禁打着寒战：父母最爱的孩子，何时成了最冷漠的铁石心肠，最可怕的"定时炸弹"。

在医院，我遇见过一位60多岁的奶奶，推着婴儿车，等着给自己拍片。

问她怎么没有儿女陪她，又为何不把孩子放在家里。

老人瞬间落泪。

她说，告诉儿子自己最近腹部疼得厉害，想到医院检查一下。

谁知道，儿子竟然说她是装病，根本就是偷懒，不想带孩子。

她实在疼得厉害了，才无奈推着孩子来看病。

而平时，她身体再不舒服，到饭点了，小两口也绝不会动手做一顿饭，她腰再痛，也没人会拖一次地。

老人抹着眼泪说："我比免费的保姆还不如。"

心酸至极。

古人说：羊有跪乳之恩，鸦有反哺之义。

连羊羔和乌鸦都懂得的道理，许多孩子却不懂。面对父母，没有感恩与尊重，只有随意索取与伤害。

02

台湾亲子专家刘志雄有次去朋友家做客，朋友家中有一个7岁的男孩，一直在客厅大吵大嚷，在沙发上跳上跳下，总是突然使劲拍他一下。

一家人都视若无睹。

最令人震惊的是，男孩突然大喊："我要尿尿！"

顿时家中一片忙乱，几个大人全往厕所冲，抢着去拿便盆。

爷爷胜利了，用双手把便盆举起来，喊着："好孙孙，快尿快尿！"

就这样，男孩在大庭广众之下，在沙发上撒尿，还被夸尿得好。

他惊得目瞪口呆。

可以想象，男孩平时在生活中，一定是有求必应。

俗话说：心有戒尺，行有所止。

一味骄纵孩子，凡事顺着孩子。换来的，不会是孩子的出息与感恩，只会是无视父母的辛苦付出，把父母当作理所当然的取款机。只有父母的痛悔，与孩子被毁的未来。

卢梭曾在《爱弥尔》一书中一针见血指出：

"你了解什么办法可以让你的孩子痛苦吗？那就是，让他想要什么就有什么。迟早有一天，你不得不拒绝他，这种意料不到的拒绝，对他的伤害，远远大过他不曾得到过满足的伤害。"

这伤害一旦爆发，就会无底线地伤害父母。

与之截然相反的是另一种教育：北大生王猛十二年不回家，拉黑父母六年，发万字长文控诉父母。

第 4 章
父母的格局，引导着孩子不跑偏

学校举办活动，要求每个学生穿短裤，他的父母却逼着他穿长裤。

他在学校被同桌霸凌，想换同桌，得到的却是暴打和辱骂："最卑贱的狗才需要什么公平。"

毕业后，他看心理医生，医生说他几乎有创伤性应激障碍的所有症状，父母看了心理报告，却指责是他太脆弱和心胸狭隘。

事后母亲接受采访，说看了信没什么感觉，只觉得是以前管他还不够严，才会出问题。

不知道王猛听了，会不会感受到更深的绝望。

上个月，一名7岁的男孩偷偷用手机给游戏充值，二十天花光父母的十五万元积蓄。

父亲是民工，母亲摆地摊，得辛苦积攒多少年才有这些钱啊！

可他丝毫不愧疚，反而说："他们都是坏人，我是跟他们学的。"

父母平时忙，与他从不沟通，对他总是非打即骂。男孩说："他们对我就没什么感情。"

资深心理咨询与治疗师于飞说：

"父母对孩子简单粗暴的说教与打骂方式，会引起孩子内心的抵触，往往，长大后的'不孝子'和'白眼狼'就是这么来的。"

溺爱讨好，是让孩子的地位凌驾于父母之上；苛责打骂，则是父母远远凌驾在孩子之上。

两种方式，都造成了亲子关系的极度扭曲，使孩子的内心越来越硬如石头，对父母越来越冷漠疏远，甚至给父母带来难以承受的致命打击。

03

在心理学上,有一种非爱行为。

就是以爱的名义进行强制性控制,让他人按照自己的意愿去做。

事实上,无论是溺爱讨好,还是苛责打骂,都来自父母内心深处对孩子的控制之心。

养育专家海姆讲过一件事:

平时她总带孩子去同一家面馆吃面,常碰到另一对母子。

妈妈每次会点两碗牛肉面,把自己碗里的牛肉一块一块挑出来,放到孩子碗里。

有一天,妈妈依然挑了肉给孩子吃。

不想,孩子却忽然闹起脾气:"今天牛肉怎么这么少?你是不是把牛肉藏起来了?"

妈妈解释刚刚已经把肉都给他了。

孩子却不信,开始闹脾气,用筷子在妈妈碗里翻来翻去,甚至掀翻了妈妈的面,赌气不吃了。

妈妈听到孩子不吃,非常惶恐,赶紧哄道:"宝宝你不吃怎么行?正长身体呢!"赶紧又给孩子点了一份牛肉。

海姆说:"我们用帮助来掩盖控制,让孩子不懂得为自己的事情负责。所以,我们的给予,成了应该;不给予,成了罪过。"

一位英国心理学女博士说:父母真正成功的爱,是让孩子尽早作为一个独立的个体从你的生命中分离出去,这种分离越早,你就越成功。

明星陶虹深知这一点。

有段时间，女儿每天都会忘记带作业。

她没有主动帮女儿记住，或直接给她装进书包。也没有呵斥孩子："整天就知道玩！"

而是对女儿说："做作业是你自己的事，你要想想，要是再忘记带作业怎么办？"

女儿想了想说："那就不能看电视。"

前三天，女儿还是忘带了。虽然妈妈没有批评自己，可是不能看电视真的太难受了啊！

第四天起，她再也没有忘记过带作业。

陶虹说："我觉得不要低估了小孩的智商，也不要低估了她跟你灵魂的平等。"

这并非放任自如，而是用智慧的引导与正确的沟通，代替过分的溺爱与粗暴的对待。

孩子是父母的镜子，又和父母互为表里。

父母把孩子当作独立的个体，给孩子真正的爱与尊重，引导孩子为自己负责，孩子才会懂得爱与尊重父母。

04

海桑有一首诗是这样写的：

你不是我的希望，不是的
你是你自己的希望
我那些没能实现的梦想还是我的

与你无关,就让它们与你无关吧
你何妨做一个全新的梦
那梦里,不必有我
我是一件正在老去的事物
却仍不准备献给你我的一生
这是我的固执
然而我爱你,我的孩子
我爱你,仅此而已

你不是我的财富,不是的
如果你一定是财富
那你是时间的财富,是未来的财富
你如此宝贵,我怎能占为己有
…………
你我也只能是对方人生的某个部分
然而我爱你,我的孩子
我爱你,仅此而已。

爱孩子,却放下控制与包办之心,不讨好,不苛责,是为人父母必须学会的功课。

愿每个孩子都拥有这样的爱,愿每个父母收获的都是微笑。

父母的说话方式影响孩子的未来

01

心理学家研究发现，父母对待孩子的许多做法不正确，会造成孩子的心理紧张。

孩子胆小与父母的说话方式有着直接的关系。

看过一则新闻，一名5岁女孩在外婆家玩时，不小心吞进一枚一元硬币，当天晚上就不停呕吐，可是孩子却十分胆小，根本不敢对妈妈说实话，只说是吃了橘子。

妈妈带孩子去了好几次医院，怎么都不见好转，孩子甚至渐渐连饭都不肯吃了。直到两个多月后，在一家医院拍了CT，才发现真相！取出这枚硬币时，已经被腐蚀得发黑了！要是再晚发现，后果不堪设想！

从心理学角度分析，孩子过于胆怯，有着很大的消极影响，将严重影响孩子未来的发展，使孩子的人际交往与社会行为都受到制约。孩子上学后，很难用积极主动的社交方式，与人友好相处。老师容易忽视他的存在，同学容易轻视他的能力。

当孩子长期难以融入集体，就会越来越自卑，深深影响到其成年后的社交能力、职业选择、社会发展。同时，在这样的状态中，孩子内心有很多害怕、焦虑和挣扎，遇到挫折往往不知所措，甚至延伸出更大的心理问题，发展成恐惧症等严重后果。因此，父母绝不能忽视。那么，除了前面提到的指责吼骂式说话，还有哪些说话方式会造成孩子胆小呢？

（1）焦虑式说话："别摔倒了，快下来！""别去！"

前阵子，和依依差不多大的侄女到我们家来玩。吃完饭，依依一溜烟从椅子上爬了下来，侄女很害怕，站在椅子上哭着喊奶奶抱她下来。

侄女看见依依自己下了台阶，终于尝试着想要自己走，不料奶奶马上大喊："你不行！等着！我牵你！"就这样，侄女缩回了脚，再也不敢自己走了。

大人的过度保护会带来焦虑，更会传染给孩子，原本孩子不害怕，可是大人一紧张、一害怕，孩子也就跟着胆小了。

但也不要走向另一个极端，完全忽略孩子，敷衍陪伴，经常说："没看我在忙吗？你自己玩吧！"尤其是态度和语气不耐烦时，也会造成孩子胆怯、退缩。

孩子会觉得爸爸妈妈不喜欢自己，不想和自己在一起，别人也一样，因而不敢接触他人，更黏父母。

（2）吓唬式说话："不听话就被大灰狼抓走了！""不听话警察就来抓你了！"

宁波一名4岁的女孩独自出门找妈妈迷了路，被陌生的好心阿姨遇见,报了警。没想到,民警赶来后,原本和阿姨正常聊天的小女孩,立即哭着躲闪,听到要去派出所更是哭得撕心裂肺,大喊:"警察叔叔不要抓我!"怎么也不让民警靠近。

原来平时只要她不听话,父母就会说:"不听话警察就来抓你了。"以至于孩子见到警察就吓破了胆,幸好遇见的不是坏人,否则后果不堪设想。

马伊琍曾转发微博说:"痛恨多少年来家长都惯用这句话吓唬顽皮的孩子,以至于孩子们内心害怕警察叔叔。请不要再用警察来吓唬孩子!必须告诉孩子:在外面遇到了危险一定要找警察叔叔!"

心理学家苏珊·福沃德博士在《中毒的父母》中说,小孩是不会区分事实和笑话的,他们会相信父母说的有关自己的话,并将其变为自己的观念。

闺蜜到现在晚上都特别怕黑,睡觉不敢关灯。原因就是小时候,只要迟迟不睡觉,姥姥就会吓唬她:"天黑了,外面到处都是大灰狼。你再不睡,就要来吃你!"

对孩子的吓唬,也许能让孩子一时听话,却不知道,这样的恐惧会深入孩子的内心。

(3)标签式说话:"你这孩子胆子就是太小了!"

知乎上有个网友说:"从小被我妈说很胆小,长大后还是怕这个怕那个。"

小时候去商场购物,妈妈要他去问柜台人员一个问题,他做不到,妈妈就说他胆子太小了,这么小的事情都做不到。现在,他不仅没有更大胆,反而对社交越来越充满恐惧。

孩子最好的起跑线，
是父母的远见

美国心理学家贝科尔说："人们一旦被贴上某种标签，很可能就成为标签所标定的人。"

很多父母一面希望孩子能够勇敢，一面又不断给孩子贴上胆小的标签，只会适得其反。

02

长期因父母的说话方式变得胆小的孩子，还容易患上"习得无助行为"的心理障碍。

在孩子胆小的背后，实际上是孩子认为自己无法克服所面临的困境和障碍，担心自己在同伴、老师或父母面前"出丑"而采取的一种自我保护行为。

这将严重影响孩子未来的发展，使孩子的人际交往与社会行为都受到制约，甚至延伸出更大的心理问题。

那么，如何帮助孩子更好成长，让孩子不再这样胆小呢？

（1）接纳孩子的害怕

艺术大师丰子恺，曾以儿子瞻瞻的口吻，写过一篇瞻瞻因为爸爸理发而害怕大哭的文章："那位叔叔拿着刀干什么？难道要杀我的爸爸吗？呜呜呜呜……"他不嫌弃孩子的哭泣，理解孩子害怕背后的心理。

儿童心理学认为："儿童产生惧怕心理的原因与成年人一样，关键的问题是成年人懂得如何去应付恐惧，而孩子们却还不知道。"

父母需要换位思考，接纳孩子的害怕胆小，给孩子安抚，才能针对具体的事情，教会孩子如何面对，消除孩子的恐惧。

（2）允许孩子犯错

陶虹女儿上小学时，总是忘记带作业去学校，她没有斥责，只是问："如果下次忘记带作业，怎么办呢？"

女儿想了想说："那就不看电视吧。"接连两天，女儿都又忘记带作业，但是第三天之后，就再没忘过。

不因为孩子的错误，就发怒吼骂孩子、打压孩子，才能与孩子一起探讨纠正错误的方法，帮助孩子真正成长，而不会因此让孩子焦虑、害怕，放弃很多成长的机会。

（3）鼓励、等候孩子

孩子不会在呵斥中变得大胆，只会在鼓励中越来越勇敢。

《妈妈是超人》中，贾静雯带女儿咘咘上音乐课，咘咘胆怯着，始终不愿按要求用歌曲介绍自己。贾静雯耐心温柔地唱着咘咘常唱的歌，鼓励咘咘和妈妈一起，等到害怕和畏难情绪过去，咘咘主动开口唱歌了。

德国前总理科尔小时候因内向胆小被称为"笨虫"，父亲的鼓励给了他巨大的力量。他说："一个人的自信心首先应该从父母那里获得，父母的肯定总是让我感觉非常美妙。"

在日常生活中，父母也要鼓励孩子多自己动手。

有个国外的视频，3岁的小男孩独自去超市买菜、买花，回家后用微波炉加热面包，倒上果汁，为妈妈准备晚餐，既大胆又暖心。

当孩子想要自己走路、穿鞋、吃饭、拿东西时，父母要允许孩子自己做。孩子有了自我意识，父母要给孩子说"不"的权利，用放手鼓励孩子成长。

心理学家鲁道夫·德雷克斯说："孩子们需要鼓励，正如植物需要水。没有鼓励，他们就无法生存。"

在鼓励中长大的孩子，会乐意尝试新事物，成为爱探索、勇敢自信的孩子。

（4）多带孩子进行富有挑战性的活动

网友小西说："我家孩子3周岁多时，一出门就往我身后钻，我觉得她可能不是怕，只是对身边的人和物陌生，于是我带着她和几个朋友还有她们的小孩一起远途旅行，从东北跑到广东和福建，整整两周。之后，孩子敢和人主动交流了。"

父母多带孩子出去旅行，多见世面，多进行一些球类、棋类、登山、游泳、野营等富有挑战性的活动，都会增强孩子的自信心和胆量。

研究发现，3至4岁是幼儿害羞与胆小心理发展矛盾期，孩子"害羞""胆小"，只是他心理发展必须经历的过程。

父母用耐心、爱心去对待孩子，引导孩子，会帮孩子顺利走过这个阶段。

若是父母对待孩子的说话方式没有问题，可是孩子依旧显得胆小，别担心，这不是坏事，只是一些孩子的内向特征，需要接纳孩子的特性。

真正影响孩子成长的只会是孩子因为内心被拒绝、被否定、被打压、被过度包办所引起的胆小。

一个在安全有爱的环境中长大的孩子,即便在一些事情上表现得不够大胆,他的内在也具有力量和安全感。

　　愿每一个孩子都能在父母的用心呵护中充满爱的勇气,在这个世界勇往直前。

父母有节制的爱，才是真正的爱

01

前些天去婆婆家，在小区楼下，遇见了印象深刻的一幕：

一个1岁多走路摇摇摆摆的小男孩，后面是一手端饭菜、一手拿勺子的奶奶，紧跟着男孩的脚步，随时试图喂上一口饭。

旁边是护着小男孩走路的妈妈，妈妈也一会说一句："宝宝再吃一口吧，饭菜都凉了。"

奶奶说："孩子这碗饭都吃了快一天了，根本不认真吃，就想玩。"

我哑然，有奶奶和妈妈这样追着喂饭，孩子哪里会认真吃饭呢？孩子只会觉得想怎么玩就怎么玩，想去哪就去哪，也根本不会饿着。

因为奶奶和妈妈随时会跟着，甚至把饭菜端到小区，生怕饿着孩子一口。

这是出于奶奶和妈妈对孩子的爱和心疼，可是，这样的爱却未必对孩子是好事。

第 4 章
父母的格局，引导着孩子不跑偏

没有节制的爱，带给孩子的负面影响，远超我们的想象。

就拿没有节制的饮食来说，这是出于好心，可是却没有考虑过孩子的感受，孩子是否真的吃饱了？是否应该建立孩子的规律饮食？是否应该培养孩子的规则意识？是否真的对孩子的身体有益？

远方亲戚家有一个小男孩，12岁时，已经有近两百斤了，已经严重影响了他的身体健康。

可事实上，他出生时也不过六斤多，是个正常标准的小男孩。

只是，妈妈和姥姥总是害怕他没有吃饱，总是不停地给他喂饭，即使他说自己已经吃饱了，她们总还要喂上一小碗。

就这样，孩子的胃越撑越大，到最后，是完全不受控制，孩子吃再多东西都觉得依然很饿，体重更是不停飙升。

现在，全家人听了医生的话，又开始给孩子减肥，控制孩子饮食，可是孩子真的觉得饿啊，饿得发慌和难受，就是想吃，痛苦得不得了。

从孩子开始吃辅食起，父母就要有意识地让孩子自己吃饭，每餐吃饱，下桌收碗，而不是一直到孩子读小学了，还在喂饭。更不是不听孩子的声音，执意按照自己认为的孩子是否吃饱，强行要求孩子继续吃饭。

明明都知道"饭吃八分饱"，可父母却总担心孩子没吃饱，不长个，总想要把孩子的胃喂成二十分饱。

这实在是无节制的饮食，无节制的爱啊，伤害的不仅是孩子的胃，也破坏了孩子的主观能动性，让孩子不能尽早养成独立自主的能力，也没有学会承担责任。

02

心理学家弗洛姆在《爱的艺术》中讲了一个比喻:"我们给花浇水、施肥,看它慢慢成长而感到快乐,这是爱。我们把一朵花掐下来,放到自己的口袋里带走,这叫占有!"

父母对孩子无节制的控制,就是占有,是一种非爱行为。

知乎有一个高赞问答:"父母千方百计想控制你的生活和决定,怎么办?"

网友桐汐汐的回答获赞近万,令很多人感同身受,她说:

"坦白讲我挺感恩我爹妈把我养大的,从小就想尽办法给我最好的生活最好的教育。"

可是,上大学前,她没有朋友,因为妈妈觉得是浪费时间。她的所有时间都在妈妈的控制中,从没有看过电视剧,过年只有除夕晚上能够看电视,大年初一看了会儿春晚,妈妈拿着鸡毛掸子打得她身上全是血痕。没有任何假期,都被兴趣班辅导班占满。每天穿什么衣服都在妈妈的控制之中,甚至不能留长发。QQ跟妈妈的绑定在一起,所有的短信和通话记录都在妈妈的控制之中。

那时候,她是家里引以为傲的最乖的姑娘,所有的小孩要向她学习。

上大学之后,她发现,自己不会交朋友,不会与人交流,谈恋爱也不懂怎么跟人相处,不会自我思考,一个人出门什么都不懂,买菜都能紧张到手心淌汗。

她说:"我妈给了我最好的教育,但是没有给我培养自我生存能力的空间。然后,我就从一个最乖的女孩,变成了我妈眼里最任性、最不懂事、最爱跟她反着来的、不听话的、让她操心的不孝女。"

看得我很是心疼。

所有的亲子关系矛盾，绝大部分都是因为父母对孩子过度的管控而产生的。

这与其说是出于爱孩子，不如说是父母害孩子。结局只会是两败俱伤。

父母放下对孩子无节制的控制，尊重孩子，同理孩子，有了这个前提，才谈得上管教孩子。正确的管教是以真正的爱与接纳为前提，是孩子在这个过程中感受到爱从而乐意配合，而并非是反弹出恨与绝望。

03

纪伯伦有一首著名的诗写道：

你的孩子，其实不是你的孩子，
他们是生命对自身的渴望而生的子女。
他们借你而来，却非因你而来。
他们与你在一起，却不属于你。
你可以给他们以爱，却不能给他们以思想，
因为他们有自己的思想。
你可以庇护他们的身体，却不能庇护他们的灵魂，
因为他们的灵魂属于明天，属于你的梦境也无法到达的明天。
你可以拼尽全力变得像他们一样，却无法让他们变得像你一样，

因为生命不会倒退，不会停留在过去。

你是弓，孩子是从你那里射出的箭。

射手望着未来之路上的箭靶，

用神力将你拉开，让箭飞得又快又远。

让自己能在射手的手中弯曲而感到喜乐吧，

他爱飞驰的箭，也爱静默的弓。

愿为人父母者，都能给孩子更多的空间、更多的信任，学会放手，在孩子的饮食上节制、在对孩子的付出上节制、在对孩子的管束上节制。

有节制的爱，才是对孩子真正的爱，才是给孩子最好的祝福。

愿孩子在这样的父母身上，获得满足与支持，感受到力量与勇气，有信心去面对这个世界，去过属于自己的生活。

第 4 章
父母的格局，引导着孩子不跑偏

父母具备慢的能力，是给孩子最大的祝福

如今的我们，生活在快节奏下，享受慢的生活变成了一种奢侈。

我们快速地谈恋爱、分手、换人，结婚、离婚，没有时间慢下来去真正认识、了解，去用心爱一个人；

我们催孩子快长大，快懂事，也挤着时间，争相报各种补习班，很难慢下来用心陪孩子，体味孩子的成长；

我们追着时间挣钱、赶着时间加班，没办法慢下来细细品味生活，没心思慢下来去珍惜爱护身体

…………

我们大多数人，都被快节奏推着不停奔跑。

还记得知乎上有一个问答："哪首诗让你读了又读，感动了又感动？"

最高赞的答案是木心先生的《从前慢》："从前的日色变得慢。车，马，邮件都慢。一生只够爱一个人。"

为什么许多人被这首诗深深感动？因为被丢弃的慢生活方式，令充满焦虑、脚步匆匆的我们，在内心深处向往。

快节奏的我们，很渴望慢一点，再慢一点。

而父母能够做到，和孩子一起慢生活，是给孩子最大的祝福。

01　陪孩子慢慢长大

有位妈妈记录过一件事：

有次带着儿子跟团旅游，景点多，时间赶，整个行程她都在催儿子："快点，快点""快点穿衣服！""快点出门！""快点吃饭！""快点上车！"

某天，儿子磨磨蹭蹭，好不容易动了，又拖拉着不愿上车，不一会儿，又闹着要上厕所。她不愿耽搁大家，让车子别再等了，今天不去景点了。

心里那股火啊，怎么都下不去。她大声呵斥："叫你快点，快点，说了多少遍了，你说你究竟在干吗？"儿子泪眼汪汪地看着妈妈："妈妈，我今天就想在这里玩，哪里也不想去。"

旅社周围是一片很大的草地，开满了各种美丽的花。儿子开心地捉蝴蝶，找虫子，在草地上奔跑，快乐极了。而她，看着儿子的身影，忽然发现，自己好久没有这样认真地看过儿子了。

每天催着他快快快，赶着学这学那，又随时盯着看他有没有调皮捣蛋，常挂在嘴边的话是："你究竟什么时候才能长大懂事？"

电视剧《兄弟姐妹》中有句台词："人啊，得一天一天地长，哪能突然就长成大人了？"

我们常常忘了这个简单的道理。

许多父母也像这位妈妈一样，很久没有这样单单充满爱意地面对孩子，带着欣喜的心，观看孩子的每个表情、每个动作，慢慢随着孩子的脚步，和孩子一起享受旅行与游戏的乐趣了。

我们习惯催促孩子不断往前走，快点长大，早点懂事，然而，愿意放慢脚步陪伴孩子，尊重孩子成长的节奏，珍视孩子的每个阶段，这才是给孩子最好的养育之爱。

接纳孩子，允许孩子慢慢长大，也接纳自己，允许自己慢慢成为更好的父母。

02　与爱人慢慢相爱

电影《消防员》中，有一对夫妻每天吵架、冷战，双方都对婚姻失望透顶。

丈夫打算离婚，妻子也有了暧昧的对象。

丈夫的父亲找到自己的儿子，给了他一本《真爱挑战四十天》的手抄本，让他每天试着去做。

"你戴上那枚戒指时发过誓的，令人难过的是多数人承诺无论好坏都厮守终生，他们指的其实只是好的部分。"他被触动了。

给妻子写卡片，送鲜花，准备烛光晚餐……一切，妻子都冷眼观看，不为所动。

这个过程太慢太难了，他很痛苦，但是没有放弃。

妻子在一次感冒生病时，发现了手抄本，问他："你现在是在试验的第几天？""四十三天。""可这个试验只有四十天。""我不一定非得停下来。"

某天,妻子意外地发现,给自己母亲付昂贵轮椅费的,并不是说好听话的暧昧对象,而是自己不再抱有希望的丈夫。他放弃了自己最爱的一件事,用积攒了好久的钱,偷偷给母亲换了最好的轮椅。

她哭得不能自已,流着泪跑回家,翻遍所有抽屉,找到被她丢弃很久的戒指,颤抖着戴在手上。他们的爱情重新开始了,并且将是一生之久。

韩国一档节目中,记录了十年前一名男子陪伴和送走他患癌妻子的心碎过程,十年后,节目组重新采访了男子,他依然孤身一人。

他说:"感谢上天让我这辈子得到了一次仙女的垂爱,我的人生已经别无他求了。"

"如果你能再一次见到你的太太,你会怎么做?"

男子抿嘴微笑,眼神里充满幸福:"就……拉着她的手,慢慢地走,什么都不做,就一直走啊走。要紧紧地握住她的手,一遍又一遍地对她说,我爱你……"

可是这个简单的要求,却再也不可能实现了。

如果我们的爱人还在身边,请停一停奔跑的脚步,想想多久没有拉过对方的手,多久没有一起慢慢走,多久没有认真拥抱,又有多久没有和对方说过:"我爱你!"

我们快得甚至当婚姻出现问题时,都不愿意慢下来一起寻找答案,不愿意慢慢回想当初的美好,就那么轻易放弃我们的爱情,轻易丢了我们的爱人。

婚姻需要双方一起面对生活的难处,享受相伴的时光,慢慢携手往前走,每天更爱对方,成就执一人手而终老的浪漫爱情。

03 同生活慢慢相处

美乐园娱乐明星传媒法人、董事长李尔葳，最忙的时候每天只睡四个小时。

她把头发剪成了男式的短发，平时也顾不上任何别的事，她越来越干练和严肃。这样的日子过了十年。

一位友人诚恳劝她："你应该学会享受生活。"这句话点出了她内心隐藏的不安，她拥有了外人看似的一切成功，却早已失去了生活的快乐。

她开始调整自己的生活节奏，腾出时间去健身、购物、买自己最喜欢看的各类书、品茶……她不再苛求自己。

放慢脚步后的她开始变得平和："我的内心重新有了对生活的感动与温柔。"

新生代海外华文作家罗敷说："我们所能做的，就是好好生活，看尽沿路风景。"

人的一生，决定生活质量的，并非是最终我们期待的某个成就，而是我们每一天的生活如何度过，我们真实的感受如何。

若是为了某个目标耗尽所有的精力与时间，昏天暗地地追赶，来不及感受生活中的各种美好，品味生命的丰富多彩，生活一定是淡然乏味的。

放慢脚步，用心体会，拾起生活中的乐趣，让岁月被无数个闪亮的彩色珍珠串联，生活便会有无限的韵味，意犹未尽，令人心动。

04　携生命慢慢前行

复旦大学女教师于娟的抗癌历程，无数次令我潸然落泪。

她被查出患癌时，只有31岁，极度震惊。她反省，很大一部分原因在于自己的生活方式：太快太赶太着急了。

她一直奋力往上拼搏，考研、考博，曾经的"野心"是两三年成为副教授，于是拼命发文章搞课题，从来没有想到自己的人生会出现意外。

她懊悔地说："名利权情，没有一样是不辛苦的，却没有一样可以带去。在生死临界点的时候，你会发现，任何的加班（长期熬夜等于慢性自杀），给自己太多的压力，买房买车的需求，这些都是浮云。"

她多想能活下去啊，多希望看着才1岁多的孩子长大，多希望能够重过一遍人生。她差点以为自己做到了。

没想到，癌症确诊后不过短短十五个月，她就离开了人世。

在最后一篇癌症日记中，于娟提到自己当时即将出版的书籍《此生未完成》时说："文字的出版对我来说，是一件好事，至少，会有更多的人看到我拿命写的东西，防微杜渐，不再像我这样，健康任意挥霍，幸福任意挥霍，到时候只能敲着键盘望着屏幕追悔莫及。"

我们总以为那个发生意外的人不会是自己，总以为还有大把的时间可以挥霍，可是谁能知道明天的事呢？

不要等到疾病用当头一棒来喝醒我们，不要在身体无数次向我们发出信号、向我们申请休息的时候视而不见。

生病了我们还可以懊悔，还能给家人留下只言片语，许多的猝死却连这样的机会都没有。

世界上最珍贵的,是命。命没了,就什么都没了。

别太赶,别太拼,放慢脚步,珍视身体,比什么都重要。

05

综艺节目《少年说》里有一期,高中男生哭着对自己的妈妈喊:"妈,你错过了我的童年,错过了我的少年,马上,我要走自己的人生了,你还要继续错过吗?"

一直以来忙着奔事业和赚钱的妈妈,泪流满面:"现在恨不得马上回到过去,好好疼你,补回所有的缺憾。"

可惜,我们回不了过去,时间永远不会重来。

孩子大了,陪他的时间没了;

爱人走了,牵手的岁月没了;

生活忙了,享受的日子没了;

身体坏了,健康的一生没了。

《这么慢,那么美》一书中说:

"所谓幸福的精确度?爱情不离不弃,家庭相依相伴,生活不急不缓,工作讲求效率,理想不高不低,金钱不多不少,亲情不浓不淡,健康如影相随。"

岁月静好,最好的时光莫不如享受现在,不留遗憾。唯慢生活,不负今生。唯慢能力,尤需重视。

当我们具备了慢的能力,才能享受孩子成长的每个阶段,尊重孩子的成长节奏;

才能用心珍惜身边的爱人,一起克服婚姻中的难题,给孩子最好的家庭环境;

才能使生活充满乐趣与精彩,给孩子更丰富的经历,更宽广的视野,更多样化的选择;

才能拥有健康的身体,中年时看孩子长大,年老时不让孩子担心,给孩子安心与呵护。

愿我们都能具备慢的能力,享受慢的生活,给自己和孩子受益一生、极其珍贵的祝福。

第 4 章
父母的格局，引导着孩子不跑偏

父母的不炫耀，是对孩子的保护

01

上周末，在公园广场，看见令人揪心的一幕。

一个七八岁的小女孩，被妈妈叫着让当众表演芭蕾舞。

妈妈说："我女儿从4岁多开始学习芭蕾，跳得可好了，参加了好多表演。"眉眼里都是笑。

谁知道，女孩抿着嘴，一动也不动。

妈妈的脸色有些难看："你这孩子，听不到我说话吗？"

女孩说："我不想跳。"

妈妈的表情夹杂着错愕与不满："你不是最喜欢给大家表演吗？今天怎么了？"

女孩突然喊道："那是你喜欢，不是我！别再老让我表演表演了！烦死了！"

妈妈铁青着脸，扯着女孩的胳膊就往前走。

远远听着妈妈的呵斥声，看着女孩用手背擦泪的动作，不禁一阵心疼。

孩子最好的起跑线，是父母的远见

父母有多喜欢让孩子当众表演？

知乎有一个问题："如何让父母不强迫自己在客人面前表演？"答案居然有近千条。

其中一条高赞回答道：

小时候是学跳舞的，每次回来妈妈都要邻居过来看，来了客人也要我跳，不愿意跳就挨打。

实际上我是一个听到音乐就要动的人，受不了这样，后来就不再学跳舞，改学画画了。

于是家里来客人就改成看我的画了，到现在都很反感。

朋友阿玲说："小时候我很喜欢古诗，可自从父母逼着我背了二百多遍《木兰辞》后，背得我快吐了，再也不想碰了。"

父母让孩子当众表演，孩子感受到的不是爱与鼓励，而是父母一厢情愿的炫耀。

网友"德艺双馨苹果酱"，在列举八条父母对自己伤害最大的事中，排在第二的是"喜欢不合时宜的炫耀"。

朋友的女儿五六岁时，有一次，她跟爸爸妈妈说："等我以后赚钱全给你们，不让你们那么辛苦了。"

爸爸妈妈笑着说："宝宝长大了，懂事了，我们很开心啊。"

没想到，第二天，他们就添油加醋在邻居面前表演。

更没想到的是，当她放学回家后，被他们抓着，逼她在邻居面前，把昨晚说的话再秀一遍。

她说："那一刻我觉得自己像个没有隐私、任人耍的猴子。"

《母爱的羁绊》中写道：

爱来自父母，令人悲哀的是伤害也来自父母，而这种爱与伤害却

第 4 章
父母的格局，引导着孩子不跑偏

隐性而沉重。

父母的炫耀尤其如此。

以为是在鼓励孩子、锻炼孩子，实际上却是害孩子。

02

去年有个10岁的男孩，因为说"爸妈不配拥有我这么好的儿子"，被网友纷纷指责是"白眼狼"，不懂得尊重父母。

其实，在他的只言片语中，能够发现，他会这样，与父母的炫耀不无关系。

爸爸喜欢炫耀他围棋下得特别好，但他很讨厌，"倒希望爸爸安静点，多带我出去"。

对于"爸爸妈妈把他看成骄傲，爸爸妈妈很爱他"的说法，他嗤之以鼻：

"爱就是各种晒我吗？"

"从没问过我愿意不愿意，从没尊重我的想法。"

"这不是爱，是一种道德绑架。"

"好不好是一家人的事，干吗经常晒我，感觉像扒光衣服一样。"

他感觉不到尊重，也就难以尊重父母。加上在炫耀中，他更会自视过高，也就更会轻看父母。

网友韩清晏说："这不是最可怕的，更可怕的是，你拒绝之后，你父母会判定你孤僻、清高、内向、不善于表现自己，从而决定训你、打你、强迫你、诱导你来强掰你的性格。"

前些天和一位朋友聊天。

她说，三十多年了，自己始终生活得郁郁寡欢。

小时候，每次逢年过节，大人要孩子们表演节目，无论父母怎么说，她都不愿意。

这么多年，父母都不认同她的性格，说她太内向，一点都不好。

她从没有接纳过自己。

父母对孩子的炫耀，其实都是指向行为的，你做到了我就炫耀，你没做到我就会失望。

这样的爱，会让孩子感到焦虑不安，也会对自我有错误的认知。

03

涂磊主持的节目《谢谢你来了》中，有一期是《"娇子"的困惑》。

妈妈从上台后就开始哭，直到被问到过去。

这时妈妈脸上露出骄傲，带着明显的炫耀模式，一口气连说：

"我儿子从小学习很优秀，从小就听话，从三年级跳到五年级，三好学生，优秀学习代表，考上名牌大学，现在的相片和学习成绩都在中学学习榜上挂着，是我们家族的骄傲，弟弟妹妹学习的榜样。"

涂磊说："这不挺好吗？现在怎么样了？"

妈妈瞬间像泄了气的皮球，满脸的失望，说道："现在他事业上一事无成，生活上一塌糊涂。"

当儿子出现在台上的那一刹那，妈妈又哭了。

当初炫耀有多深，如今失望就有多深。

儿子说，妈妈现在一看见他就哭。

第 4 章
父母的格局,引导着孩子不跑偏

他的神情小心翼翼,他知道妈妈对他失望透顶。可是他也没办法,他很难有一份工作做很久,因为他感觉都不适合自己。

很多网友评论说他眼高手低,这的确是他事业受阻的原因。

我却看到一颗无所适从的心,一个被炫耀轻易毁掉的孩子。

过去表现优异,妈妈特别骄傲,到处炫耀,他也就盲目自信,一直被捧得很高。

工作后,自视甚高的他,也就受不了丝毫的不如意,领导说了他几句、环境不满等,都是他随意辞掉工作的理由,他也不知道如何去处理。

如今表现不好,妈妈焦虑伤心,不住哭泣,他一面充满内疚不安,一面更对自己很失望。

种种复杂、矛盾的情绪交织着,使他更难正确认知自己,难以面对生活。

04

炫耀的背后,是没有完全接纳。

只接受孩子好的一面,只希望孩子比别的孩子更优秀,无法接受孩子不如别的孩子的一面。

可是,父母对孩子的爱,不应该带着攀比之心。

前不久看到一个视频,一位妈妈讲:

有一回聚会,小叔家俩孩子,女孩8岁,画画特别好,男孩5岁,数数能从1数到1000。

她的儿子就在旁边看他们表演。

看完以后，孩子爸爸说："来，走了，儿子，去滑滑梯去。"

她说：我当时就觉得，我老公真特别牛，是一个特别伟大的父亲。他讲过一句话：我养出的儿子，啥都不会，他以后也会特别快乐。

其实，我和我老公，都是特别平庸的人，但是我们现在过得很开心啊。

所以家长真的不要过度地消费孩子的童年啊，你要有这个信心，你的孩子以后错不了。

在这样环境下长大的孩子，不会贪慕虚荣、骄傲自满，也不会自卑焦虑。

绘本《你很特别》中，木头村的人们天天相互盯着，表现好就贴星星，表现不好就贴灰点点。

胖哥浑身被贴满灰点点，他头也抬不起来了。直到他遇到了奇怪的露西亚，身上居然什么都没有贴。

不是别人不贴，而是贴不住，无论是灰点点还是星星，到她身上就会掉下来。

他听了她的话，找到了创造他们的木匠伊莱，想知道伊莱怎么看他。

伊莱说："你很特别，胖哥，你是我的孩子，我爱你。"

他感觉心里亮了起来，出门的那一刻，一个灰点点掉了下去。

孩子最需要的，是父母对他的真实看法，而不是父母在外人面前炫耀的模样。

如果孩子自己愿意表演，那么给孩子鼓励与支持。

如果孩子不愿意，不要为了满足自己的炫耀心理，让孩子当众表演，不要单纯为了有炫耀的资本，逼着孩子各种学习。

老舍曾说:"摩登夫妇,教三四岁小孩识字,客来则表演一番,是以儿童为玩物,而忘了儿童的身心教育甚慢,不可助长也。"

当孩子做得不好的时候,拥抱孩子,安慰孩子,而非否定与失望。

这才是对孩子最好的爱。

愿为人父母的我们,都能用真正的接纳之心,给孩子足够的安全感,帮助孩子有正确的自我认知,让孩子在属于他的赛道上,快乐健康地成长。

孩子最好的起跑线，
是父母的远见

生命教育，是对孩子最重要的教育

国家高级家庭教育导师——老师说：在中国家庭中，我们忙着给孩子各种最好的教育，可是对孩子最重要、最基础的教育却极其缺乏，那就是生命教育。

极少有父母从小对孩子传递一个非常重要的概念：那就是对生命的敬畏。让孩子确切地知道并感受到，生命非常宝贵，你必须要珍惜自己的生命，也要尊重他人的生命。

遗憾的是，不仅我们没有给孩子这样的教育，反而常常因为我们做父母的忽略，给了孩子许多伤害，让孩子觉得自己不被重视和珍惜，感受不到生命的价值，或者溺爱孩子，以自己的孩子为中心，认为所有人都该为自己的孩子服务，毫不在意他人的感受。

01 让孩子知道生命的来源

孩子最初对生命感到好奇，问父母："我从哪里来？"很多父母都敷衍应对，甚至有的还会开玩笑说："你是石头里蹦出来的。""你是垃圾堆里捡来的。"这样的说法会让孩子在潜意识里感到，我的生命是可有可无的，是没有特殊意义的。

越早郑重对待这个话题，让孩子明白生命的特别和唯一性，他是怎样出生的，爸爸妈妈如何因爱结合，妈妈如何怀他、生他，他越会在心里感受到，他的到来是何等不容易，何等被期待，越会认真对待生命。

02 在陪伴中，让孩子感受到生命被接纳、被珍视

年幼的孩子通过父母对待他的态度，感受到自己的生命价值。这也是奠定他一生如何看待生命的基石。

在父母心中，孩子的生命比什么事物都宝贵。可惜我们常没有让孩子感觉到。

心理学说，父母陪伴缺失或致孩子心理障碍。

知乎上有个帖子，作者3岁前没有跟父母同住，外表看起来很外向的她，其实内心很自卑，在人际交往中喜欢一味地讨好与付出，也不会向父母表达爱意，被家里人觉得不孝顺。她说："虽然是3岁以前的事，影响却是一辈子。"

孩子是通过父母的陪伴来感受父母的爱，父母既然把孩子的生命看得比自己生命还重要，就不要把孩子丢在一边。无论多苦、多累、多难，请想尽办法带孩子在身边。

也不要让孩子成为"隐形留守儿童"，多给孩子高质量的陪伴，让孩子感受到自己被接纳，被重视，在父母身上感受到自己的生命何等珍贵。

03　不比较孩子，让孩子知道他的价值来自生命本身

孩子刚出生时，我们对孩子最大的祝福就是平安健康、快乐成长，可是孩子渐渐长大，我们对孩子的态度开始变了：

你成绩好了，我才高兴。

你听话了，我才喜欢你。

你像别人家的孩子了，我才满意。

《少年说》中一个女孩哭着喊："有一个人，他十项全能，他什么都好，他，就是别人家的孩子！可是妈妈，孩子不是只有别人家的好，你自己的孩子也很努力！为什么你不看一下呢？"

她的闺蜜是一个超级大学霸，全班第一，甚至全联盟第一。在每次考试结束后，妈妈都要拿她和闺蜜对比。甚至说："你看你成绩这么差，为什么她还会跟你做朋友！"

而在别人眼中完美的闺蜜，自己的妈妈却说她什么都不好，因为她体育不过关。

有孩子曾给妈妈流着泪写信：妈妈，为什么你变了？变得不再看见我就喜欢，变得需要我满足好多好多条件你才会开心满足，我觉得我永远都达不到你的标准。

今年上半年，一位母亲去美国看望她在常青藤读博士的女儿，突然指责起女儿。母亲是位老艺术家，对自己独生女儿特别严苛。女儿说："我是不是永远都没办法让你满意？"

"你觉得你自己做得很好吗？"母亲回答道。女儿翻身跳下阳台，再也没醒过来。

当孩子在父母那里，感觉到自己的价值是有无数个外在条件累积

而成，孩子的内心，是不认可自己的，也没有真正的自我价值感。

绘本《你很特别》中，木匠伊莱对木头人胖哥说："我爱你，因为你是我创造的，你很特别，你不需要和别人比较，你就是与众不同的。"

愿我们看待我们的孩子时，始终明白他就是独一无二的，不和别人比较，甚至不和他的兄弟姐妹比较。去发现孩子的优点，给孩子笃定的安全感，让孩子知道，爸爸妈妈爱他，不取决于他的表现、他的外在，而是因为他是我们的孩子，他有着独一无二宝贵的价值。

这样，他才会在将来遇到困难、失败时，都不放弃自己，因为他明白，没有那些成功，他依然珍贵。

04 不随意打骂孩子，孩子才会珍惜自己的身体

"杀鱼弟"小孟的轻生不是一时而起，在他小的时候，父母就经常暴打他。他的农药是半个月前买的。妈妈说："我们现在已经不打他了，没想到他这么想不开。"

她不知道，正是过去的一次次暴打，成了孩子轻生的元凶。

许多父母都轻看了打骂对孩子的危害，当我们在暴怒中，随意打骂孩子时，孩子会觉得自己的身体可以被随便伤害，自己的生命不值得珍惜。

只有当我们尊重孩子的身体，不在情绪中打骂孩子，用温柔的态度对待孩子，孩子才会知道自己的身体是宝贵的，别人不能轻易侵犯自己，自己更不随便伤害自己。

05　教会孩子尊重他人

《爸爸去哪儿》第五季中，杜江的儿子嗯哼亲了小泡芙，杜江发现后，很严肃地对儿子说："你这样亲人家是不对的，下次需要经过小女孩的同意。"

要让孩子从小就明白：玩小朋友的玩具、要亲小朋友、牵小朋友的手、抱小朋友都要先经过对方的同意，对方不同意的事绝不能做。

让孩子学会尊重他人，明白别人也是爸爸妈妈的宝贝，和他的生命一样宝贵，不容侵犯。

最重要的是，父母要首先活出尊重他人、生命第一的样子，让孩子耳濡目染地感受到：生命比争执重要，比面子重要，比挣钱重要，生命高于一切。

愿我们给够孩子生命教育，让孩子真正学会珍惜生命，珍爱他人。

第 5 章
父母的呵护，让孩子在爱中奔跑

孩子最好的起跑线，
是父母的远见

让家成为疗伤的场所，而不是创造更深的伤痕

01

一位匿名网友说，她曾一度只想消失，向往解脱。

中考没考好，她很伤心，回家后更难过。

父亲罚她每晚去地里收毛豆，让她天不亮一个人摆地摊。

每天，用各种粗暴的话骂她。

有天晚上，她卖完菜回家，父亲说："你怎么不滚出去，你还有脸待在家里？"

那一刻，她快速拉开门冲了出去。

不是为了赌气，只是想消失。

她怕黑，胆子非常小。

但那天晚上，她穿过小县城，往非常黑的郊区跑去。

她想用更可怕的事情，来阻止那些话在她心里撞击的痛。

她说："没有后怕，只是可惜没有真的死掉。我妈把我拖走了，又开始骂我：你还敢跑，下次你再跑，我把你腿打断！她以为这样的话可以震慑住我，她不知道我也有自尊，她这样说，我可以再撞一

第 5 章
父母的呵护，让孩子在爱中奔跑

次。但是我累了。我知道我欠他们的，没有必要再挣扎。某一个我已经死了。"

原本，家应该是让孩子感到最温暖治愈的地方，没承想，却成了孩子想要逃离的地方。死亡反而成了许多孩子误以为的平静美好的归宿。

想想就难过。

02

前不久，发生过一起悲剧。

江苏一名9岁的小男孩，因为不小心撞碎了学校的玻璃，从十七楼跳下身亡。

他留下了简短的遗书："nai nai（奶奶），我前天把学校的bo里zhuang sui 了（玻璃撞碎了），我之到要chen fa（知道要被惩罚），suo以我跳lou了（所以我跳楼了）。"

歪歪扭扭的字，令人心痛极了。

究竟平时孩子犯错后，会怎样遭遇惩罚？究竟是怎样的恐惧，让这个年仅9岁的孩子，仅仅因为害怕被惩罚，宁愿走上绝路，也不敢回家？

一块玻璃，竟要用一条还没有绽放的命来赔。

为什么现在这么多的孩子，不愿意向父母吐露心事，遇到事情第一个想到的不是求助父母？

知乎有一个问答："你受到委屈后会告诉父母吗？"

其中一个答案是：

如果告诉了我妈，她就会不停地提，并且说是我的错，可是她都不明白整件事情，凭什么全部是我的错呢？关键是我还不能反驳，否则她会说我翅膀硬了。经历了委屈后，我真的不想听长篇大论的说教，很累，真的。

父母本该是孩子的依靠，不该是给孩子致命一击的人啊。

当孩子感受到家不是退路，反而会击断自己的最后退路时，又如何去信任父母？

03

比起在外面受委屈、遇挫折，孩子更在乎的是父母的反应。

周国平在《不想长大》中说：

"孩子的心灵远比我们所认为的细腻得多，敏锐得多，我们千万不要低估。"

家庭教育指导师——老师，讲过两个真实的案例：

一名高二女生，怀孕了。

她小心翼翼地说："爸，我们班有女生怀孕了。"

父亲瞬间暴怒："什么？这么小干出这种事？还有脸没有？"

她很害怕，但还是抱着希望问："如果是我呢？"

父亲说："那你就去死吧，我没有这样的女儿。"

两分钟后，她借口上厕所，从窗户跳了下去，当场身亡。

另一个高中女生，发生了同样的事，不小心摔倒后流产，告诉了妈妈。

母亲擦掉眼泪，抱着女儿说：

"这件事情,绝不要让第三个人知道,妈妈也会为你保密。"

她带着女儿去了医院。

请了一周假,专心陪伴女儿,再没提过这事。

女儿上学的早晨,她熬了粥,只说:"这是你最喜欢的。"

女儿流着泪说:"妈妈,您给了我尊严,我要还您一个奇迹。"

她发奋学习,最后考上了北大。

一样令孩子无比惊慌懊悔的事,没有压垮孩子。

父母的不同反应,却让她们走向了截然不同的结局。

一个孩子在母亲的爱与接纳中,拥有了新的生活。

一个孩子却因为害怕与绝望,永远失去了生命。

即便是真正犯了错的孩子,需要的也不是来自父母的打击,而是父母的包容与接纳。

儿童心理学博士托德老师说:

每个孩子在犯错后,心里都会充满内疚、羞愧与自责,并且会试图弥补。

父母放弃劈头盖脸地责备孩子,孩子才会把注意力集中在如何补救和改变上。

每一个犯错的孩子,都不会在一开始,就想用极端的方法处理事情,都想变得更好。

04

郑渊洁写过一个故事:

女孩被老师冤枉偷了别人的钱,女孩第一反应是说:"我要叫我父母过来。"老师听了非常吃惊：不仅不怕我叫家长，反而还要主动叫家长？

因为女孩不会害怕父母知道，不会担心父母说："怎么不怀疑别人，就怀疑你？爸妈的脸都被你丢光了，你还好意思哭？"

任何时候都深信，父母会听自己解释，会相信自己，支持自己。

在这样环境中长大的孩子，遇到事情总会第一个告诉父母。

这真是孩子最幸福的模样，也真是一个家最温暖的样子。

马伊琍也曾经历过类似的事情。

读初中时，老师对马伊琍父亲说："你女儿道德作风有问题，跟很多男生关系不清不楚。"

父亲只回答了一句话："我的女儿我知道。"

他相信女儿，也保护了女儿。

也正因此，马伊琍的性格自信而乐观，即便是后来婚姻出现了危机，她也不对自我产生否定，相信这是婚姻中需要成长的一部分，能够勇敢面对。

为人父母者，当孩子受伤、犯错、失意时，应该给孩子更坚定的信心和力量。

寇乃馨讲过一句话："让口中的言语为家人疗伤，而不是创造更深的伤害。"

父母应该让家成为孩子疗伤的场所，而不是创造更深的伤痕。

使孩子得到温暖，而不是让孩子饱受痛苦。

父母和子女，本该是赐予彼此的最好祝福。

愿我们做父母的时刻把孩子当作宝贵的礼物，去珍惜与爱护。

愿我们的孩子，任何时候想到父母，都能重获无穷的力量。

愿父母不再给孩子最重的伤害与打击，愿每个家庭都真正成为孩子最温暖的大后方。

愿悲剧与伤害不再发生。

孩子最好的起跑线，
是父母的远见

母亲的角色，是给孩子温暖的天使

01

看过一个故事：

有一个婴儿即将出生。

一天，这个小孩问上帝："他们告诉我明天你将要把我送到地球，不过为什么我在那儿会那么小和无助呢？"

上帝说："在所有的天使之中，我已经选中了一个给你。她将会等待你和照顾你。"

"不过，"小孩问了，"请告诉我——在天堂我除了歌唱和微笑之外什么都不做。这些是我快乐所需要的！"

上帝说："你的天使每天将会为你歌唱和微笑。你将会感受到你的天使的爱，你会感到快乐。"

"还有，"小孩又问了，"如果我不懂他们说的语言，当人们对我说话的时候我怎样才会理解呢？"

"这很简单，"上帝说，"你的天使将教会你语言中最美丽和最甜蜜的词语，带着最大的耐心和关怀，你的天使将教会你怎样说话。"

小孩抬头看着上帝说:"我想和你说话的时候我该怎么做呢?"

上帝微笑着对小孩说:"你的天使会把你的双手放在一起,然后教会你怎样祈祷。"

"我听说地球上有坏人,谁将会保护我呢?"

上帝把手放在小孩身上,说:"你的天使将会保护你,甚至会冒生命的危险!"

在这一刻小孩在天堂感到了无比的安详,不过已经可以听到从地球传来的声音……

小孩有点急促,温柔地问:"上帝啊,如果我现在将要离开,请告诉我,我的天使的名字!"

上帝回答说:"你的天使的名字并不那么重要,你可以简单地叫她——妈妈。"

这个故事真美,一个弱小的婴儿来到这个世界上,原本是那么孤立无援,可是因为有妈妈,有妈妈的子宫,有妈妈的爱护,他是那么安详快乐,他不必再害怕孤单。

他知道迎接他的是等待、照顾、歌唱、微笑、耐心、关怀。

原来,妈妈最重要的角色,就是给孩子温暖与爱。

妈妈最关键的三个词语是:笑容、温柔、在一起。

妈妈最重要的,是要让孩子时时看到自己的笑脸,是给孩子温柔和在一起的感觉。这会让孩子感受到妈妈深切的爱。

02

有一次,去孩子刚上小学的朋友家,敲开门后,映入眼帘的是我从没有见过的朋友的模样,脸拉得很长,眉眼里都是生气。

相识好几年,每一次见到她,都是笑盈盈的,从没有这般过。

显然,是家里正在发生不快。而这个不快原来是因为孩子写作业不认真。

我第一次看见她用不耐烦的、急躁的语气和孩子说话,十分嫌弃和严厉地对待孩子。过去我见到的任何时候,她对孩子都极有耐心,总是满脸微笑。

朋友对待孩子变脸色的时间,其实算是比较晚的。

我们当妈妈的,在孩子刚出生时,总是不由自主地向孩子展示笑脸、对待孩子极尽温柔,和孩子在一起时,也很容易全心全意关注孩子。

当早上醒来,一想到那个小小的婴儿,妈妈心里自然会充满柔情,笑意满面。

当孩子渐渐长大,开始有了自主意识,开始难管后,当我们开始对孩子有了越来越多的要求和期待后,如果不仔细看自己的表情,很多时候,我们面对孩子常常不是表情木然,就是表情严肃,笑脸的时候很少。

早上通常就会只顾着催孩子起床,板着脸,而不是微笑对待孩子。

要是听到孩子哭闹,就觉得更烦,不由自主地有嫌弃的神情,甚至忍不住对孩子说:"你太烦人了。"

然而,往往正是因为我们这样的表情,才让孩子心里更加害怕不安,害怕妈妈不喜欢自己了,不要自己了,会哭闹得更厉害。

如果,我们常常用笑脸对待孩子,孩子就不会那么爱哭闹,我们也会对孩子的哭闹反应更加淡定,更容易微笑面对,孩子的情绪也会很快平和。

曾经有好几位妈妈跟我提到,孩子画画的时候,画妈妈的脸都是很生气的脸,而画孩子自己则是害怕和哭泣的脸。

若是我们给孩子的印象是这样的脸,那孩子还怎么能见到前面故事中所描述的天使一般的脸呢?孩子在这个世界上怎么能不感到孤单害怕呢?

03

孩子是父母的镜子。

当我们看到孩子不好的行为和表现时,先别急着烦恼,别急着指责、呵斥孩子,我们应该先看看自己的表情,然后去面对孩子。

先转换自己的表情,让自己的表情成为笑脸。

小宝2岁多时,有天中午不想睡觉,被我安排到床上后就躺床上哭。

我突然将脸凑到她面前,静静地看着她,看了好一会儿,她竟然不哭了,也一直看着我。

我冲她笑了一下,她也瞬间咧开嘴笑,仿若镜子中的倒影一般。

那一刻,我才意识到,她当时为什么哭。是因为我不像往常,微笑着开心地带她到床上,而是表情麻木地想着自己的事,急匆匆让她睡觉,当她开始哭闹时,我就很不耐烦,所以她越哭越大声。

直到我开始不再着急,整理了表情,她也就神奇地跟我做着一样的表情。

即便孩子已经到了青春期的年龄,让妈妈觉得很难管了,妈妈的表情也能改变孩子的心。

在微笑中，孩子感受到的是被妈妈喜欢；在唠叨不满中，孩子感受到的是妈妈不喜欢自己、不接纳自己，他的内心就很容易产生抵触情绪。

任何时候，一定要先做一件事：那就是先调整自己的表情。先微笑着去面对孩子，才能期待孩子有好的反应。

也许，有妈妈会说，孩子不听管，本身就令自己头疼心烦了，又不像小时候那么可爱，一看见孩子就有很多事需要纠正，怎么可能那么开心地对孩子笑？

事实上，这是因为我们忽略了母亲是天使的身份，忽略了母亲最该给孩子的是爱的感受。先有爱、先有了和谐的关系，孩子才会更容易配合。

有位咨询过我的妈妈，向我反馈：

从前孩子早上起床后总爱哭闹，而她也总被弄得很烦。

现在她改变了方法，早上起床后，先不催着孩子快起床、快刷牙、快吃饭，而是先满脸笑容地面对孩子，告诉孩子："妈妈爱你，妈妈喜欢你。"和孩子这样充满爱地待几分钟，用笑脸对待孩子，让孩子的心中被妈妈的爱充满，让孩子知道妈妈真的喜欢和自己在一起。

结果早上的时光总是很愉快，孩子也总是特别配合和听话，很快就完成了所有的事。

04

写这篇文章时，我问5岁多的大宝："最喜欢妈妈是什么样的，怎么对待你？"

她回答："温柔。"

一个温柔的妈妈，会给孩子爱的感觉。

可是，很多时候，我们忽略先微笑、先喜欢孩子，再教孩子、引导孩子，这样的顺序。一心只想着各种事务，忽略了和孩子的关系，我们也就很难对孩子温柔。我们常常颠倒了顺序，看见孩子时总是想要纠正孩子的行为，只觉得孩子什么都学会了，什么都好了，自己才能放松，却忘掉了最重要的前提。

其实，只要调整了顺序，就会产生不一样的效果。那就是永远记得：先爱，再管。

先让孩子感受到被妈妈喜欢和接纳，再去教导孩子。孩子会更容易接受，妈妈也会体验到这种轻松。

即便看着孩子此刻调皮、吵闹，也先告诉自己几遍：他是上天赐给我最好的礼物，最好的孩子。这样的想法会让我们的内心变得平和。而当我们先这样去对待孩子时，孩子会给我们意想不到的惊喜。

对于母亲来说，比起管教孩子最重要的、最必不可少的就是：温柔、笑容、在一起的感觉。时刻记住这点，我们会发现，原来带孩子、教孩子并没有那么难，孩子也会很喜欢听自己的话。

即便孩子做错事、撒泼哭闹，当妈妈的也可以温柔对待。

遇到孩子犯浑，妈妈很容易发怒，跟着情绪被引爆。这时候，我们要看到孩子不是故意惹我们生气，只是因为情绪脑还没有发育完全，这个情绪脑要20岁才会发育完全。孩子还不能控制自己，也不会用更好的方式去表达。

如果我们也大声吼、大声呵斥，没用。孩子感受到的只是害怕，

191

只是妈妈暴怒的情绪,只是对这个情绪害怕抵触,根本听不到妈妈说什么。只有当妈妈始终温柔时,孩子的关注点才不会是妈妈的情绪,而是妈妈所讲的话。

所以为什么经常看到孩子大哭大闹,妈妈大声呵斥、吼骂,但是孩子反而越哭越大声,也越来越难管,因为这是没有效果的。

妈妈只要始终记得温柔面对孩子,等候孩子,再坚定说出什么可以做,什么不可以做,孩子就明白了。

05

妈妈是给孩子温暖的天使,除了要在微笑、温柔上体现,还要在"在一起"上体现。

这并非说一天二十四小时和孩子黏在一起,而是即便不在一起时,也让孩子深切感受到妈妈的爱,感受到妈妈仍在自己身边。这会让孩子有极大的满足、安全感和信心。

在一起时要高质量陪伴孩子,要用欢迎的态度面对孩子。

一位全职妈妈讲述过她的苦恼:

"因为我自己带娃,他现在特别的黏人。即使我们两个都在家,但没在他身边,去另一个房间或者他看不见我了,也会哭,一直地哭。有别人在的时候也是一样,根本不让别人哄着玩或者看着他。我很苦恼,是不是在家憋太久,接触外界太少了而引起的。"

这是不少全职妈妈的疑惑,很多妈妈感觉到孩子黏人时,都会以为是自己在带孩子的缘故,所以孩子离不开自己。

其实妈妈亲自带孩子,孩子应该更有安全感,更大方,更愿意和其他人陪伴玩耍的。出现这样的问题,往往是因为我们虽然在孩子身边,但孩子感受不到,缺乏安全感,从而表现出黏人,缺乏真正的关注和用心的回应,所以会烦躁,容易吵闹发脾气,甚至打人。

妈妈在孩子身边,但也许会经常看手机、想自己的事、做其他事、做家务等,尤其会常常心里觉得孩子很烦,希望他乖一点,自己玩,不要来打扰。妈妈的心没有真正和孩子在一起,孩子感觉不到妈妈喜欢和他在一起。

做家务的时候,孩子需要妈妈,妈妈就先放一放家务,先专心陪他玩,你会发现,慢慢地,你即使只陪他几分钟的时间,他都会很开心地自己玩。

或者,边做家务边和他玩,玩一些攻城堡、寻宝藏的游戏等。最重要的是,每次都满脸带笑地看着他,每次都很欣喜地回应他的需要,让他觉得,妈妈真心喜欢和他在一起。

孩子最需要妈妈真正的爱,真正的喜欢和接纳。孩子是一个需要被爱的小小孩,不是一个物品,他的内心是稚嫩而柔软的,有了妈妈的爱和喜欢,他的内心就会充满爱,充满安全感,表现出很开心、很配合,也会很大方。

不在一起时,如何也让孩子感受到妈妈仍然和他在一起,妈妈的爱时刻陪伴着他?

要抓好最关键的四个时刻:早上起床后、送孩子上学或自己上班前、接孩子放学或自己下班后、晚上睡觉前。也就是每一次和孩子刚见面与即将分开的时候。

这些时刻,用上五分钟,加上温柔与笑脸,全心陪伴孩子,眼里只有孩子,抱抱亲亲孩子,对孩子多说些爱的语言,而不是只要求和纠正孩子的行为，催促孩子。

这样的时刻至关重要。

如果抓好这几个时刻，全心陪伴孩子，给足孩子内心被爱和被关注的需要，会极大程度地降低孩子的分离焦虑，也会让孩子更快乐、更安静、更配合，更乐观地面对这个世界，更有安全感、更有信心地在这个世界上生活。

06

在一起，一定是真正高质量的陪伴，是全情的投入，是双方都享受的亲子时光。你在陪伴孩子，孩子也在陪伴你。让孩子感受到：妈妈就是喜欢你，就是想和你在一起，就是喜欢和你一起玩，喜欢听你说话。

越难管、越令人头疼的孩子，越需要妈妈重新从问题中跳出来，用这样的方式对待孩子，重新履行妈妈最重要的角色，那就是温柔对待孩子、用笑脸对待孩子。

一位二胎妈妈因为大宝的问题感觉到很头疼，大宝动不动就哭，也对妹妹特别不友好。问题持续了很长时间，令她深感苦恼。

听了我的分享后，她开始不再一味想要改变大宝的问题，开始意识到自己原来缺失了母亲天使一样的角色。

原来自己有两张面孔，两副爱的模样：对待大宝，因为觉得大宝不需要管，大宝不乖，看大宝的时候就是皱眉、生气、不高兴脸，就是没法温柔；看小宝，就是充满笑容的脸，就是温柔以对。非常自然，以至于她不去思考，就根本察觉不到。也正是这样的脸，会让大

第 5 章
父母的呵护，让孩子在爱中奔跑

宝说："妈妈不喜欢自己，只喜欢妹妹。"孩子在妈妈那里感觉到的只是不喜欢、不高兴，一点也不温柔。

从妹妹出生后，大宝也再没有单独和妈妈在一起了，心里只觉得妈妈和小宝在一起，和自己是分开的。尤其大宝已经上幼儿园了，更会觉得自己一整天都在学校，妹妹则一整天都跟妈妈在一起，本来大宝的心里就觉得不平衡，结果见到妈妈时，妈妈的表情还一点都不开心，也总是呵斥自己，又没见批评过妹妹，大宝的心里自然更难受，没有安全感，所以更爱哭闹。

这位妈妈内心非常柔软，马上开始改变，重新调整了自己的表情，一看见大宝，就非常开心，始终笑脸相迎。晚上也请丈夫给小宝讲故事，自己给大宝讲故事，一改往日自己陪小宝，让大宝自己待着的局面。

结果第二天一早，她就特别开心地告诉我，才一天就有了特别大的调整。大宝表现得很开心和满足，变化特别大，还主动抱妹妹，带妹妹玩。

始终记得妈妈的角色，天使一般的三个标签：微笑、温柔、在一起。我们会轻松很多，孩子也不会再是你眼中的"小麻烦"和"小头疼"，而是妈妈的小天使。

二孩家长，别让大宝成为"孤儿"

01

"你太坏了！不要你了！我们要弟弟！"

前几天，小区发生的一幕令我心疼。

刚满3岁的小女孩心心被训哭了，妈妈生气地推搡她："你不乖，不要你了！"

原来，心心把奶奶怀中抱着的弟弟的袜子扯掉了。

妈妈和奶奶很愤怒："不要你了！"抱着弟弟直往前走。

心心哭着追上，妈妈依旧厉声："不要你了！"扭头逗弟弟。奶奶更生气，直说："你怎么这么坏？不要你了！太坏了！"

几个月大的弟弟被吓哭了，奶奶赶紧哄："不是说你，我们要你，不要她。"

很早，就听说心心特别不乖，对弟弟特别不好，抢弟弟的玩具，打弟弟，是一个十足的"坏姐姐"。好多次，心心只能被放去外婆家。

曾经，心心也是全家人含在嘴里怕化了、捧在手心怕掉了的宝贝。有了弟弟后，怎么就好像成了被所有人厌弃、没人疼的"孤儿"？

02

"我不是爸爸妈妈的宝贝了"

月子里小宝的婴儿床放在我们房间,奶奶带大宝。

有一天,奶奶告诉我们,大宝对她说:"我现在不是爸爸妈妈的宝贝了,我是奶奶一个人的宝贝,爸爸妈妈的宝贝是妹妹。"

那时有好多次因为想小宝睡觉,希望正在我们房间玩的大宝暂时出去,她不愿就呵斥她,急躁地要她出去。

她不愿意,大哭,要妈妈,往我身上扑。我推她,要她先出去。她大哭,仍要到我身上来。

反复几次后,我总会发火:"叫你等会,等会,听不懂吗?"她哭得更大声了,伸手要把妹妹掀开。

那些天,我们常批评她,她则时不时就会去打妹妹,随时哭闹。

曾经,小宝还在肚里时,我和先生就约定:有了小宝后,我们一定要更多关注大宝,爱大宝,不要让她觉得被忽视。小宝真的出生了,我们怎么就忘了?

03

"你是姐姐,要让着妹妹"

同事阿晓说,妹妹出生时所有人都开心,只有她,大哭了一场。

那年她10岁。父母兴高采烈地围着刚出生的妹妹。被叫回家拿被子的她,觉得整个天空都暗淡了,蒙着被子痛哭。

妹妹一天天长大,所有人都围着妹妹转,她被撇在了一边。

家里的客人再也看不见她,都只会逗妹妹、抱妹妹、亲妹妹,因为"你是姐姐,你长大了"。

成长过程中,她耳边听得最多的话是:

"你是姐姐,要让着妹妹。""你要照顾好妹妹,要好好带妹妹。""别把妹妹伤到了。"她痛恨这些话。

今年她25岁,依然不喜欢妹妹,身边少有人知道她竟然还有个妹妹。

曾经,她是父母眼中的娇娇女、是唯一、是宝贝,是客人眼中可爱的小女孩。妹妹出生后,怎么就一下子成了不再需要被关注和爱的"大孩子"了?

04

小小的孩子怎么会当哥哥姐姐呢?

有了小宝后,父母们真的就不再爱大宝,甚至不想要大宝了吗?

一定不是的。

哪个孩子不是父母掌中的宝。

心心也曾被全家人天天抱着哄着,即使有了弟弟,也常遇见爸爸妈妈单独带心心出门,奶奶搂着心心陪她在邻居哥哥家玩。

阿晓上班后,妈妈也常常到单位来看她,陪她住单身宿舍,给她做饭。

点点滴滴都是爱。

只是,有了小宝后,我们自然地就把大宝变成了哥哥姐姐,变成了要去照顾弟弟妹妹的懂事的大孩子。自然就要求大宝用和我们一样的心态去看待小宝。

我们会说:"你是哥哥了,你是姐姐了,所以你应该……"

如果大宝没有这样,甚至反其道而行之,我们就很容易动怒,觉得这孩子怎么这么不懂事,这么不会当老大。

可是,小小的孩子怎么能一下子变成哥哥姐姐呢?孩子还没有被父母爱够,又怎么有多余的爱留出来给弟弟妹妹呢?

当孩子听到父母和其他人在气头上说"不要你了,只要弟弟妹妹了",当我们以哥哥姐姐的身份看待孩子时,我们的大宝就感受不到我们的爱,就会怨恨弟弟妹妹夺走了父母,就更加不能好好和弟弟妹妹相处,更不愿当哥哥姐姐了。

也像越来越像大人眼中所谓不懂事的"坏小孩"。

05

"妈妈,你再给我生个妹妹吧!"

大宝的话,像针扎了我们的心。

我们开始尽可能多地陪她。

喂小宝吃奶时,大宝若要我抱,我会说:"好的,宝贝,过来吧!"腾出一只手抱她。若大宝希望我陪她,我就边喂妹妹,边看她玩或跟她说话。

也每天对她说很多很多句爸爸妈妈爱她。

孩子的改变其实很简单,或好或不好,大人的一个小小举动、一句话语都能很快看到成效。

现在,我们的大宝会在我喂妹妹吃奶时不再打扰,会主动带妹妹玩，会保护妹妹。有次妹妹和她玩时吃了小东西在嘴里，她马上跑来大喊："妈妈，妹妹吃了个小的！"快1岁的小宝常爬到姐姐面前，用头"亲"姐姐。

甚至，大宝对我说："妈妈，你再给我生个妹妹吧，我要两个妹妹。"

06

爸爸妈妈眼中的她，独一无二，无可取代

推着小宝，陪3岁多的大宝等校车。

一位抱着小弟弟的爷爷经过，对小弟弟说："看这里有个小姐姐。小姐姐你好啊！和弟弟打个招呼吧。"

正在给我讲故事的大宝很投入，没有回应爷爷，没有跟弟弟打招呼。

爷爷瞬间变了脸色："你这个姐姐，一点都不乖！告诉你，你妈妈不要你了，要车车里面的小娃。"

仍不解气，这个素不相识的爷爷继续用更大的声音对我女儿说："惨了！你妈妈不喜欢你了！只喜欢你妹妹，只要你妹妹了！惨了哟，没人要你了！"

大宝没有回应爷爷，依旧专心地给我讲故事。

她现在不再会害怕了，她知道爸爸妈妈爱她，绝对不会只要妹妹不要她，也绝对不会只喜欢妹妹不喜欢她。

爸爸妈妈眼中的她，是独一无二，无可取代的。

07

有了小宝,大宝还是我们的心肝宝贝

有首儿歌,歌词是:

"大拇哥,二拇弟,三姐姐,四小弟,五妞妞,手心手背,心肝宝贝。"

每次唱到"心肝宝贝"时,我女儿都特大声。

是啊,即使有了小宝,大宝也还是我们的心肝宝贝。

只是我们要常常提醒自己和家人,任何时候,不要过早给我们的大宝下定义,说孩子不乖,说孩子就是对弟弟妹妹不好,就是这么调皮不听话。

相信当我们换种眼光看待大宝,看见孩子内心的需要,换种方式对待他们,用温柔与爱取代批评与指责,一切都会悄然不同。

要知道,这个成了哥哥或姐姐的孩子,其实,也不过是一个如同他/她刚出生时、如同他/她还没有弟弟妹妹时的,那个需要爸爸妈妈、需要爱的小小孩。

没有欺负小宝的大宝，只有没被爱够的孩子

01

从幼儿园接回4岁多的果果后，让她和妹妹在小区玩。

果果看着妹妹，开心地笑，跟身边的小伙伴说："这是我妹妹依依，我依依最乖了！"

连到我们家玩的姑姑都觉得暖心："果果随时说的是'我依依'呢！"

果果特别爱妹妹，像护自己的宝贝一样护着妹妹，没事就抱着妹妹亲。

我带着依依送果果去上幼儿园："妈妈把你交给老师，让妹妹在安全座椅上等一小会儿。"

果果说："不要！免得妹妹被别人抱走了！"

牵着她们快过公路时，果果说："妈妈，你快把妹妹抱起来，免得她被车压扁了。"

去年我带着她和依依去买菜，邻居婆婆好心帮我推依依，让我在摊子上挑菜，太阳有些晒，婆婆推着车往前走了点。

第 5 章
父母的呵护，让孩子在爱中奔跑

在我身边的果果看见，边哭边大叫着跑去咬婆婆的手。

我在厨房做事，她们在房间玩，玩着玩着，果果跑过来着急大喊："妈妈！妹妹吃了个小的！"我过去一瞧，依依嘴里包着一个小零件，急忙给捞出来。

早上我正洗澡，果果醒了敲厕所门，喊着："妈妈！依依也醒了！""可以帮我看着点妹妹吗？""好的，妈妈。"

过一会儿我出去，看见果果把妹妹睡的游戏床的拉链拉开，让妹妹钻了出来，两人在玩玩具。

顿时好感动。果果说："妈妈，因为你把妹妹放在这个床里，如果放在木头床，我就没法把她放出来，只能给她递玩具了。"

我常想，生下小宝，是我们做过的一个好正确的决定。甚至有时幸福感太强，还会有种念头：早知这么美好，真该早生二胎呢。

02

有相同感觉的妈妈似乎很少。在我们二宝妈妈微信群里，很多妈妈都烦恼：

"老大说，妈妈不要他了。说弟弟抢了他所有的，希望把弟弟退回妈妈的肚子里。"

"老二才出生，感觉老大好孤单，每天下午回来写了作业吃完饭自己去洗澡，然后就去睡觉了，以前还和我说说话，现在我们都围着老二忙。心里多难受。"

"我们老大让我头疼，不顺意了还要打人，小小年纪现在脾气大得很。"

"自从带了老二,和老大的关系每况愈下,老大失去了以前的快乐,还说不喜欢弟弟。要平衡他们的关系好难。"

大的情绪反常,很难接受小的,甚至欺负小的,小的哭闹不止,大人又气又吼后,静下心来,又心生内疚。

我见过情况最严重的,是亲戚家,姐姐3岁多,弟弟才几个月。

以前,姐姐在他们家可受宠了,整天抱着哄着,在小区里如果被别的小朋友不小心碰到了,爷爷就会很生气,心疼得马上带姐姐回家。

弟弟出生后,情形大转变。弟弟整天被抱着哄着,姐姐成了"恶姐姐"。

"真的太气人了,整天就知道打弟弟,这么粗鲁,以后嫁都嫁不出去!"曾经最疼她的奶奶一说起她就气得牙痒痒。

有一次在外面,姐姐把弟弟的帽子取下来了,妈妈和奶奶特别生气,说:"你太坏了!不要你了!我们要弟弟!"抱着弟弟就往前走。

姐姐哭着追了好久,没人理她。

早知道,还生二胎做什么?只有一个的时候,全家疼爱,个个开心。多了一个,大的可怜,小的老被欺负,也可怜。做父母的,心好累。

03

讨论中,群里有妈妈说:"老二太小,当然精力全部在老二身上,告诉老大以前生了他也一样。"

有妈妈回复:"说过了,没用!还是黏人,爱哭,打弟弟。"

没用,是因为这正是我们二宝家庭常入的误区,弄反了两宝的需求,也是大宝爱哭闹、不爱弟弟妹妹的根本原因。

(1)用正确的眼光看大宝

有了小宝后,我们常瞬间就把大宝变成了要照顾弟弟妹妹、懂事的哥哥姐姐。

当大宝不爱弟弟妹妹,甚至讨厌他们时,我们就会失望。

心理学研究证实:"幼儿阶段充分被爱的孩子,他更能建立安全感,其人格发展将更完善,也更容易获得幸福感,也才更具备爱人的能力。"

是啊,小小的孩子还没有被父母爱够,又怎么会爱弟弟妹妹呢?

我们任何时候看大宝,应该仍是独一无二、无可取代的心爱的孩子,而不只是哥哥姐姐。

(2)根据两宝真实需求分配时间

马斯洛需求理论说:"人的需求分五个层次:生理、安全、爱与归属、尊重、自我实现的需求。"

小宝出生后,我们很容易大量时间都给小宝,觉得大宝不需要花太多精力照顾了。

其实,作为婴儿的小宝,生理和安全需求最大,更需要吃饱喝足睡够,而大宝因弟弟妹妹的到来造成的心理落差,需要更多爱与归属感的满足。

也有些父母努力平均分配时间,却苦恼:为什么大宝还是不喜欢小宝,还是令人头疼?

美国育儿畅销书《如何说,孩子才能和平相处》中说:"同等意味着更少。给予孩子同样的时间可能会适得其反,应该根据需求来分配时间。"

更多的时间和精力,应该分配给更需要关注的大宝。

而小宝,在大宝的接纳与爱和家庭的轻松氛围中成长,也会更快乐。

"妈妈,你不爱我了吗?" 5岁女儿的心声戳哭无数人

01

妈妈,今天和妍妍玩,我好羡慕她,她每天都在家,不用上暑假班。

可是我却不敢告诉你。

那天,弟弟睡觉时,我说话大声,把他吵醒了,你抱着哇哇大哭的他,说:"宝宝不哭,妈妈抱。"然后很生气地对我说:"说了多少遍了!弟弟睡觉的时候不要吵,不要吵!就是记不住!去上暑假班吧,你在家弟弟根本没办法睡觉。"

我跑过来抱你的腿,大哭着说:"妈妈,我就想在家里,我不想去上幼儿园。"

你推开我:"别吵!你又吵起来!烦不烦?"你抱着弟弟进了房间,把门关上了。妈妈,你的眼神好冷啊,冷到了我的心里。

奶奶说:"上暑假班有什么不好的?在幼儿园还能和小朋友一起玩。"

可是,我不想离开妈妈啊,我也想像弟弟一样,天天和妈妈在

家里。

但我知道不可能,晚上你带着我和弟弟在小区里玩的时候,你跟其她妈妈聊天,说:"幸好把琦琦送去上暑假班了,她在家,老欺负弟弟,闹得我心烦。"

02

我好难过,妈妈,我也不想欺负弟弟,弟弟没出生时,我多想他快点来呀。

我还记得那一天,你问我:"琦琦,妈妈给你生一个宝宝好不好?这样他就可以陪你玩了。你想要弟弟还是妹妹?"

我好兴奋:"我想要一个弟弟!"我在幼儿园最好的朋友馨馨就有一个弟弟,我也想要。

你亲了亲我,开心地说:"好呀,弟弟长大了可以保护姐姐,我的两个宝贝一定很相爱。"

那天你躺在床上,我又像往常一样想要坐在你身上,脚刚碰到你,你一把把我掀开,紧张地说:"小心点!别压到弟弟了!"我哇的一声哭了。

你抱着我,对我说:"琦琦,妈妈刚才手重了,对不起,以后你记住啊,现在有弟弟在妈妈肚子里了,你坐在妈妈身上,会伤到弟弟,妈妈的肚子也会痛。"

我似懂非懂地看着你的肚子,终于意识到:妈妈肚子里真的有弟弟了,弟弟太小了,我不能压他。

你带我去河边玩,我们走了好远好远,回来的时候,我说:"妈妈，我好累啊，你可不可以抱我走。"你牵着我的手说："琦琦，妈妈现在肚子里有弟弟了，不能抱你了，否则妈妈的肚子还有弟弟都会痛，妈妈和你一起坚持走回去，好不好？"

我走得腿都迈不动了，好想哭。你说："琦琦加油，马上就到家了。"那天回来很快我就睡着了。

虽然妈妈不能抱我了，我也乐意，因为我喜欢妈妈，也喜欢弟弟，我也要保护妈妈的肚子和里面的弟弟。

小区里的奶奶和阿姨问："琦琦，你妈妈要给你生个弟弟了！"我很自豪地说："是的！"还跑到你的肚子前，伸手挡着："你们不能碰到我妈妈的肚子，不然妈妈和弟弟都会痛。"

逗得她们哈哈大笑，你也摸着我的头说："琦琦真乖！"

你给我讲故事，讲狮子咖喱有了妹妹金叶儿，刚开始它不喜欢妹妹，因为妹妹老是哭。我说："我就喜欢我弟弟！"看到它后来开始照顾妹妹了，我想我也要这么照顾我的弟弟。

我最开心的是，妈妈不上班了，我放寒假的时候，也不用上幼儿园，你天天在家陪我玩，我觉得幸福极了！还常对着你的肚子喊："弟弟，快出来吧！我们家可好玩了。"

03

可是，不知道为什么，从弟弟到我们家后，一切都变了。

爸爸说，你在医院生弟弟，要过几天才能回家。我每天都盼着。

终于你和弟弟要回家了，我好开心，把我最喜欢的小熊拿出来，想等弟弟到家后送给他。

妈妈你捂得严严实实的，瘦了好多，也好像没什么力气，回来了就躺在床上，我看着有点害怕，但又好高兴。你问我："琦琦，在家乖不乖呀？看，妈妈真的给你生了一个弟弟，要好好照顾他哟。"

我拼命点头："嗯！"看见弟弟在婴儿床里乖乖躺着，我觉得好可爱啊，想伸手摸弟弟。你紧张地喊："琦琦，别碰到弟弟了！"我吓得手缩了回来，瞪大眼睛看着你。你说："弟弟太小了，容易伤到他。"你还对爸爸和奶奶说："你们看着点琦琦，别让琦琦摸弟弟。"

我拿出小熊想要到弟弟面前给他，你说："琦琦，你干什么？"我说："妈妈，这是我送给弟弟的。"你很着急："别拿过去！弟弟现在不能玩这些毛茸茸的，别捂到他了。"

我失落地想：弟弟怎么这么麻烦啊，他什么时候才能长大，和我一起玩啊？

妈妈，我都想你好久了，你天天躺在床上，我只能到床上去找你玩，你躺着喂弟弟吃奶，我好奇地看了会儿，兴高采烈地在床上跳，你第一次对我好不耐烦："琦琦，你可不可以出去玩？我在喂弟弟吃奶，他要睡觉了。"

"妈妈，我不想出去。""你先出去吧，等弟弟睡了妈妈陪你玩。"

"妈妈，我不要！我想看妈妈喂弟弟。"我不跳了，伸手抱你，"我就要在这里。"

你第一次推我："我在喂弟弟吃奶！你在这里玩什么？你过去，过去！"

我大哭起来："妈妈抱！妈妈抱！"你的脸色好难看，更用劲地推我了:"没看我在喂弟弟吗?你快压到他了!"

我伸手就去掀弟弟:"讨厌弟弟,弟弟走开!"弟弟哭了起来。你第一次打我,打得我好痛,一边打一边说:"怎么听不懂呢?怎么听不懂呢?说了弟弟睡了我就陪你,你还闹!"

然后喊奶奶:"快点把她带出去!"奶奶把我半拖半拉地带出了房间,我一直在哭。

从那以后,你和爸爸奶奶都说我太不懂事了,一点都不听话,竟然还想打弟弟。

从那以后,妈妈,你对我就变了,就不是我认识的那个爱我疼我的妈妈了,我也越来越不喜欢弟弟了。

你整天都抱着弟弟,和弟弟说话,哄弟弟,喂弟弟吃奶。

我想你陪我玩,想你给我讲故事,想和你聊天,你却说:"没看妈妈在忙吗?妈妈要带弟弟。你现在大了,是姐姐了,自己玩吧。"

我也不能跟妈妈一起睡觉了,我天天晚上哭,我要妈妈,你和奶奶都说:"你都这么大了,又不吃奶,以后就奶奶带你睡,妈妈要带弟弟。"

有时弟弟哭了,你冲过来就问:"你又怎么弟弟了?离一下都不行!"明明是弟弟自己手上的东西掉了,我什么都没做啊。

有时弟弟想要我手中的玩具,我没有给他,你就说:"你是姐姐,让着他嘛!"

我看见弟弟就想打他,弟弟手上的玩具,我都想抢过来。弟弟把我的妈妈抢走了,妈妈再也不爱我了,只会骂我吼我打我,我为什么要喜欢弟弟?

我去扯弟弟的帽子,这样你就不会只让我自己玩,你就会看我了。可是你好生气:"你怎么这么坏?弟弟惹你了吗?你会不会当姐姐?"

我一点也不想当姐姐了,我也想变成小宝贝,那几天,我又开始尿裤子了,奶奶告诉了你,你骂我:"都几岁了还尿裤子?羞不羞?"

妈妈,你忘了吗?以前我尿裤子,奶奶吼我的时候,你还护着我,说:"哪个小孩子不尿裤子啊?尿了给她换了就是,吼了她,她越紧张,越不会上厕所。"

妈妈,你怎么就变了呢?

弟弟没来的时候,你对我多好啊。

04

每天,你都会亲我,抱我,你总是对我说:"琦琦,妈妈怎么有你这么可爱的女儿呀!"

即使我有时调皮,有时吵闹大哭,你也不生气,你永远都是温和地对我讲道理,搂着我对我说:"妈妈爱你,也相信我的琦琦会越来越好。"

妈妈,为什么现在,在你眼中,我就是那么坏、那么不可爱、那么难管、那么令你头疼的小孩呢?

妈妈,你知道吗?你现在好像有两张脸,每当你看弟弟的时候,就好温柔,笑得好开心,一看我,脸就马上沉下来,你说我一点都没有弟弟乖,整天就知道让你烦。

可是你以前对我也很温柔啊,也说我很乖,很喜欢我啊。

那些大人以前逗我:"有了弟弟,妈妈就不喜欢你了。"我大

第 5 章
父母的呵护，让孩子在爱中奔跑

哭，你很生气，搂着我对我说："别相信他们，妈妈会依然这么爱你的。"我甜甜地笑了，再也不相信他们了。

而且我的好朋友馨馨，她每天也还是很快乐开心，她说妈妈特别爱她，她也特别爱弟弟。妈妈，你怎么就不一样了呢？

妈妈，我好想你也能开心地抱着我，对我说："琦琦，太好啦，又要放暑假了，妈妈又可以天天都陪你，和你在一起了！"

可是妈妈，我不敢跟你说。我昨晚才又惹你生气了，好不容易，你答应陪我睡觉。

晚上弟弟已经睡了，你给我讲了好几个故事我还睡不着，又缠着你说话，你说："弟弟都睡了，你还不睡？都几点了？"

我爬起来不停亲你的脸，你一下子把我掀翻在床上："干吗呢？现在该睡觉了！快睡！"

我哭了起来，哭得很伤心，把弟弟也哭醒了。你更生气了，朝着我屁股就打起来："别哭！你看你又把弟弟吵醒了，我还得再哄一次！烦死了！"

妈妈，对不起，我知道你是因为太累了，我不该吵醒弟弟，更不该惹你生气。

可是，妈妈，我真的不是故意的，我只是忍不住，我好开心又能和你一起睡觉，好想和你说好多话，我好舍不得闭上眼睛……

我也好害怕你真的不喜欢我了，就想一直抱着你。

昨天晚上，我做了一个梦：

我梦见我又变成小宝宝了，妈妈你抱着我，笑得好温柔，好甜，你轻轻拍着我说："乖乖睡吧，宝贝琦琦，妈妈永远爱你。"

后记：

《少年说》里一个叫梁思涵的9岁小女孩，哭着说自己做了一个错误的决定，就是让爸爸买了一只狗，现在她特别后悔。

从前，爸爸回家后，会喊："涵涵，涵涵，你在哪里？"现在，爸爸回家后，她很热情地迎上去，爸爸却看都不看她，喊的是："球球，球球，你在哪里？"

她抹着眼泪说："爸爸甚至会半夜起来给球球盖被子。"抱着球球的爸爸听了女儿的话，脸上的表情是五味杂陈。

一只小狗都会让孩子感到失去了爸爸的爱，觉得痛苦伤心，更何况是突然到来的弟弟妹妹？

我们做父母的，一定依然爱着自己的大宝，可或许也在许多个时刻，无意中就深深伤害了大宝，引起了大宝对弟弟妹妹的不能接受。

愿我们每个二胎家长，都别忽略大宝的内心感受，给大宝更多的爱，大宝也会更爱小宝。

蛋糕的生动比喻，让两宝明白父母的爱

01

有天，果果突然问我："妈妈，你是不是最爱我一个人？"她用坚信不疑的眼神，充满期待地看着我。

我当下愣住了。

因为我肯定不是最爱她一个人啊，也同样最爱妹妹啊。不允许自己对孩子说任何谎话的我，一下不知道怎么回答，更不知如何面对她特别自信、开心、坚定的表情。

见我还不回答，她又问："妈妈，我和妹妹，你是不是最爱我一个人呀？你肯定最爱我一个人！"

我不由自主地说道："妈妈对你和妹妹都爱。"

我虽然料到了她会失落，但没想到她反应那么大，竟哇哇大哭起来。在她的内心，因为妈妈给了她很多的关注，她不觉得因为有了妹妹，自己就缺少了爱，所以深深确定妈妈最爱她。

可现在，妈妈居然亲口告诉她：不是这样的，是和妹妹一样爱的。尽管她也很爱妹妹，可这时候，她就是觉得很难过，很伤心，觉

得自认为独一无二的爱，原来还是被妹妹分担了。

这可使我苦恼了。什么样的回答最好呢？

02

很快，我心中有了另一个答案。

等到果果平静一些了，我轻轻地问她："果果，你是不是觉得妈妈既爱你，又爱妹妹，感觉妈妈给你的爱变少了？觉得妈妈给你的爱本来是一个蛋糕，结果妹妹一来，就切走了一半，变少了？"

果果抽泣着点头。

我搂着果果说："妈妈的爱就好像是大蛋糕，妈妈给你的爱是一个完整的大蛋糕，给妹妹的爱是另一个完整的大蛋糕。不管有没有妹妹，妈妈给你的这个大蛋糕都没有改变，始终都是这么这么大，而且都是这么完整的。并不是说妈妈只有一个蛋糕，妹妹一来就少了一部分，而是妈妈给你的蛋糕始终这么这么大，谁都分不走。"

果果听懂了，她很满意这个答案，开心地补充："妈妈，你给爸爸的也是一个大蛋糕！"

孩子需要的不是公平的爱，而是独一无二的爱，不是被分割成均等的爱，而是完完整整的爱。

这个新的答案，让孩子知道了，她在妈妈心中始终是独一无二的，她的分量始终是不变的。多了妹妹，妈妈给妹妹的爱多了一份，但这是妈妈的另外一份爱，是另一个大蛋糕。而妈妈给她的爱是从来不变的。

她也理解到了：多一个家人，多一份爱，家人之间相互的爱，是更多的爱,而不是谁分走了谁的爱。

两个孩子的家庭,孩子们其实都会非常自然地暗自比较:爸爸妈妈爱我更多,还是爱他更多?

最好的做法是,从小宝在妈妈的肚子里,就开始用蛋糕的比喻讲给大宝听,小宝出生后,渐渐能听懂话,又开始讲给小宝听。让孩子们从起初就明确地知道,爸爸妈妈给我们的爱,都是独一无二完整的爱,两个蛋糕都是独特的,都是针对我们自己需要的。

若是,有些孩子已经在内心觉得父母偏心,已经与父母产生嫌隙了,更要主动讲给孩子听。

这个形象生动的比喻,会让平时觉得自己不受宠的孩子感觉到被安慰,也会让平时自认为父母爱自己更多的孩子更尊重兄弟姐妹,不至于觉得父母只爱自己,产生优越感。

无论是被忽视的感觉还是优越感,都会影响兄弟姐妹的关系。

03

父母给每个孩子的,应该都是独一无二的爱。

父母在言行上,也需要注意四个方面:

(1)不要把大宝和小宝比较

记得有段时间,在小区里,总会遇见好心的老人对我说:"老二就是比老大聪明。""老二一般都比大宝乖。"

我也听过很多父母,总是不由自主地表扬小宝,不管小宝有什么进步,马上就会说:"太厉害了,想当初大宝都不会呢,大宝都没有这么厉害了。""真乖,大宝当初哪有这么乖。"

其实,我们都忽略了一个事实,小宝很多时候是观察大宝而学会的,如果大宝当初有哥哥姐姐,一样会更早学会啊。

很多时候并不是小宝比大宝聪明,而是小宝有大宝做榜样学习。

要是想明白这一点,就不会那么容易把小宝和大宝比较,也不会那么容易在心里偏向小宝了。

还有的小宝确实特别乖,最重要的原因也是因为带大宝时养育方法不太对,而不是孩子天生这个听话,那个不听话。

就像我们,生下果果后,家里老人多,她又是家族的第一个孩子,全家人围着转,都宠着孩子。到了依依出生时,舅舅舅妈不久也要生弟弟,二爸二妈也即将生下妹妹,外婆和奶奶都得去带弟弟妹妹,我和先生开始两个人带两个孩子。

这时候,我们才开始调整,以家庭为中心,而不是以孩子为中心。这样养育出来,孩子自然会更乖巧。

原本,大宝已经吃亏了,我们还把责任推给大宝,不自己担负责任,还把大宝和小宝比较,这是不是更不公平?

有的父母,会因为大宝很优秀,总是让小宝向大宝学,这样的比较会给小宝带来很深的阴影。

一位网友曾经分享过自己的经历:从小姐姐特别优秀,父母一直让她以姐姐为榜样,她觉得自己从小就活在姐姐的阴影中。即使所有人都觉得她也很好,她也很优秀,可她不觉得。她始终觉得自己抬不起头。她一面爱姐姐,一面心里又很想看到姐姐过得不好,内心特别矛盾和痛苦,甚至后来还得了抑郁症。

不比较两个孩子,把两个孩子分别当作独特的个体,孩子们才会成长得更健康，两个孩子也会更相爱。

（2）不要当着其中一个孩子的面，不停表扬另一个孩子

记得依依一岁多后，有一段时间，每一次，依依有进步，我们忍不住在果果面前一起讨论和表扬依依的进步。

而每一次，原本对妹妹很好的果果，当天就会变得对妹妹很不友好，没事就欺负一下妹妹。我们意识到，我们的注意力完全在依依身上，让果果感受到被完全忽视时，我们有意识地控制这样的讨论。每次一调整，不刻意表现，果果又会重新对妹妹友好起来。

孩子的心很敏感，如果当我们表现出来对弟弟妹妹的偏爱，同时又忽视了大宝，大宝就会很容易嫉妒。

如果当时实在惊叹小宝的进步，在描述小宝的情形后，可以再对大宝说一句："宝贝，你当初也是这样进步很大，令我们惊喜！"

当我们刻意平衡时，反而大宝会常常主动向我们报告弟弟妹妹的进步，他也会因弟弟妹妹的进步而开心。

（3）不要跟其中一个孩子说的每句话都带着另一个孩子

有两个孩子的家庭，会发现，我们总是很容易看着一个孩子、跟一个孩子在一起的时候，就不由自主地想到另一个孩子，对眼前的孩子提到另一个孩子。

这样的习惯，会让我们的孩子内心中好像有根刺一样。

如同我们自己，如果在乎的人，每次跟我们聊天的时候，都会提到另一个人，甚至是我们本来就有些嫉妒吃醋的人，我们心里会有什么感觉？

我们希望对方只在意我们，眼里只有我们。

所以，我们看到每一个孩子的时候，跟每一个孩子单独相处的时候，我们要让自己的眼里都是这个孩子，别的孩子的一切都跟这个孩子无关。

单纯地关注眼前的这个孩子，好像他是唯一的孩子。与他交流关于他自己的事，他的内心会深受满足。

（4）用正确的话语，回答孩子的"我不喜欢他"

有天，朋友到我们家玩。

见到当时刚会走路的依依，朋友很喜欢，一直逗她："依依，你爸爸上班去了吗？""依依，你好乖呀。"一边逗一边还忍不住自言自语："真的好乖。"也跟我说："依依真的太乖了啊！"

不一会儿，在一边默默玩玩具的果果突然大声说道："我不喜欢妹妹！"

朋友说："你为什么不喜欢妹妹？你看妹妹多乖呀！"

果果说："我不喜欢妹妹！我不喜欢妹妹！我一点都不喜欢和妹妹玩。"不停地重复。

朋友接着劝："你是姐姐，应该喜欢妹妹啊！"果果说："我不喜欢妹妹！有一次妹妹还要抓我！"朋友继续说："妹妹她是喜欢你，想摸你，不是故意抓你的。"果果说："哼，我就是不喜欢妹妹！我讨厌妹妹！讨厌你们！"

其实，朋友的回答都特别好，说的都是对的，出发点也是好的，是为了让大宝继续喜欢妹妹。但为什么不仅没有效果，反而适得其反呢？

第 5 章
父母的呵护，让孩子在爱中奔跑

如果我们单独再读一遍朋友讲的话，会发现所有的焦点都偏向小宝，不仅违反了前面我们提到的原则，不要一个劲地在大宝面前只注意小宝和逗小宝、表扬小宝，而且后来的劝说中，也并不关心大宝的感受，只是一味地想叫大宝喜欢小宝，为小宝说话，与大宝成了对立面，所以效果只会更加适得其反。

这时候，我加入了进来，对果果说："你有时候喜欢妹妹，有时候不喜欢妹妹。"

果果回答我说："我不喜欢妹妹抓我！有一次妹妹抓到我了！"

我说："是呀，我们每个人也都不喜欢别人抓我们打我们。你不喜欢妹妹抓你。"

这时，果果大声说道："我喜欢妹妹抱我！"

瞧，情形完全转变过来了。

当我们回应某个孩子的话时，要把重点放在体贴这个孩子的感受上，理解接纳这个孩子的感受，并且帮助说出来，而不是回应时重点也全在另一个孩子身上，仍为另一个孩子辩解，试图说服他喜欢对方。

我们要理解两个孩子有时喜欢彼此，有时不喜欢。他表达不喜欢时，我们不必过于紧张，理解和接纳孩子当时的情绪很重要。

孩子的情绪被接纳了，被关心了，我们又说出"你有时候喜欢他，有时候不喜欢他"的事实，而不是因为孩子现在说不喜欢，就生气沮丧，就觉得他怎么这样，孩子就会很快又转变过来，想起喜欢对方的时刻。

孩子的内心很柔软，也很敏感。父母在这些细节上的处理，会让孩子感受到自己是被父母特别爱着的，即便有兄弟姐妹，即便他不是

孩子最好的起跑线，
是父母的远见

独生子，他也同样享受着父母独一无二的宝贵的爱。

而一个有足够爱的孩子，就会自然地去爱他人，尤其是他身边最亲近的兄弟姐妹。

别再分开带两个孩子了，还给孩子真正的手足情深

01

在幼儿园门口等着接大宝时，听见两位家长聊天。

其中一位孩子的奶奶说道："等到放假了，就让我们刚满2岁的老二来上一个月幼儿园，两个小孩不能一起带，太累人了。"

不由得想起了我的朋友阿琳，阿琳和先生分隔两地，奶奶在老家需要照顾侄儿侄女，不得已，大宝从断奶后就一直放在老家，请奶奶顺便带着，等到上幼儿园后，又去了镇上的外婆家，方便上幼儿园。

大宝刚念中班时，阿琳就生下了小宝，这时候，先生的工作调回了阿琳的身边，奶奶也不用再带侄儿侄女，可以到城里来帮忙了，小宝从出生，就一直由奶奶带在阿琳和先生的身边。

可是大宝呢？依然在老家。

阿琳也爱大宝，可是她更觉得无奈，不得不如此，她说："大宝如果过来，完全照顾不过来，根本没办法同时带两个孩子。就让大宝在老家把幼儿园念完吧。寒暑假接过来玩就好了。"

我的另一位朋友，大宝2岁多时，她生下了小宝，从此以后，她

和先生带小宝，住在另一个小区的爷爷奶奶带着大宝。等到小宝断奶后，就两周两周地两边换着带。

二胎政策没有放开时，很多家庭渴望能多生一个孩子。可是等到真的有了两个孩子，许多家庭却把两个孩子分开带。

这，似乎已经成了常态。

看起来，这样是轻松很多，不用担心两个孩子吵闹，不用担心精力被磨得消失殆尽。既有了两个孩子，又跟带一个孩子一样省事，多好。

殊不知，持续这样下去，伤害的不仅是其中一个孩子，更会使整个家都陷入痛苦之中，父母自己有一天也将懊悔不已。

02

一位12岁的小女孩曾经在日记里吐露心声，说爸爸妈妈根本不爱自己，只爱弟弟，她在家里就是多余的人。

从4岁有了弟弟开始，女孩就被爸爸妈妈送回老家念幼儿园，一待就是三年。

以为孩子小，什么都不懂，分开几年，念小学了接过来就好了。

可是，孩子的心稚嫩而敏感，当孩子因为有了弟弟妹妹，被送走后，孩子感受到的就是被遗弃，内心所受的创伤是巨大的。

正如这个小女孩一样，她说她总会在心里反复地想："为什么爸爸妈妈要把我送走，为什么不送弟弟走？为什么不想要我？"

从最初的想念爸爸妈妈，到后来心里开始有了深深的隔阂。

读小学时，尽管回到了父母的身边，可是她却始终感觉融入不了

第 5 章
父母的呵护，让孩子在爱中奔跑

这个家，觉得奶奶的家才是自己的家，这里不过是弟弟的家。

她不喜欢弟弟，因为弟弟是那个把她从父母身边赶走的人，是抢走爸爸妈妈爱的人。

况且，她也没有和弟弟一起成长，弟弟一出生，她就被送走了，弟弟3岁了，她才回来。对她来说，突然就有了一个什么都要和她抢、和她争的3岁的弟弟，她又怎么能喜欢？

而每当她和弟弟争吵的时候，父母都会站在弟弟那边，指责她不会当姐姐，怪奶奶太宠她，这几年没有好好教她。

小女孩在日记中写道："我真希望我从没有过弟弟，我讨厌弟弟，也讨厌爸爸妈妈。"

当两个孩子被分开带的时候，离开父母的一方，内心感受到的是不公平、委屈、难过。这种感受甚至会持续一生之久。

03

邻居阿姨跟我讲过她妹妹的故事，听得我很难受。

当年父母因为工作的缘故去外省，由于条件有限，原本打算把她和妹妹都放在老家，临走时，她生病了，父母为照顾她，便带着她离开了，只留下了1岁多的妹妹。

一直到妹妹9岁才接到身边。

阿姨多次说起："如果生两个小孩，一定要两个小孩都带在身边，不要分开带，否则不如不生。因为那个不在身边的小孩一辈子心里都有恨。而父母自己也很痛苦和受折磨。"

接回妹妹后，发现妹妹有很多不好的习惯，可是父母却不敢管妹妹。因为一管，妹妹就会嚷："你们就是不喜欢我，就是喜欢姐姐！"

父母原本也充满了愧疚，不知道说什么好。

父母出差，买两件衣服回来，颜色不同，妹妹也觉得偏心，说姐姐的好看，最后每次买衣服都只能买一模一样的颜色。

妹妹的性格越来越奇怪，很容易暴躁，甚至摔碗，她把一切都归结在父母偏心上。为此，父母不知道偷偷流了多少泪，也不知道怎么做才能让妹妹满意。

妹妹结婚时，父母给妹妹买了一个很大的彩色电视当嫁妆。在当年，是很不容易的。姐姐结婚时，父母没有买什么，因为没有钱了。

可妹妹依然说父母对姐姐偏心，不喜欢她。

平心而论，自从接回妹妹后，父母总会刻意偏向妹妹，可是没有想到妹妹仍然咬定父母只爱姐姐，在一切事情上都能指出父母的不公平。

手心手背都是肉啊！妹妹的指控，伤透了父母的心。

而妹妹，终其一生，因为从小被留在老家，没有在父母身边，心中都充满了怨恨。

她很少笑，婚姻生活也不幸福，看到姐姐被姐夫宠着、爱着，她更是觉得一切都是父母造成的，她也嫉妒姐姐，内心很多郁结。

她不到40岁，就因乳腺癌去世。

父母一生都因这个女儿被刺痛，也经历了白发人送黑发人的悲痛。

04

两个孩子不分隔两地，甚至都在家中，只是父母负责一个，老人负责一个，就没问题吗？

不是的。

刚生了小宝后的一个月,大宝跟着奶奶睡,也由奶奶带。过去也如此啊,大宝没有感觉。但有了小宝,小宝放在我和先生的房间,她睡在奶奶的房间。

有一天她说道:"我不是爸爸妈妈的宝贝了,妹妹才是,我是奶奶的宝贝。"

这句话刺痛了我的心,也让我从此毅然地决定任何时候都亲自带两个孩子。

小宝两岁半前,总是先安排小宝入睡,然后再陪大宝入睡。平时,也都由我和先生亲自管两个孩子。

正是这个正确的决定,让大宝的内心始终充满安全感,非常爱妹妹。妹妹也特别亲姐姐。

从小宝几个月开始,大宝就可以一直陪着她玩,小宝会爬会走了,大宝还会带着她,两个小孩甚至可以在房间单独玩很久。

有一回,5岁多的大宝在小区和好朋友一起玩,2岁的小宝想加入,好朋友们拦着,大宝就喊道:"必须让我妹妹加入!"就这样,小宝跟着姐姐们一块玩了。

小宝不小心摔倒了,没什么大碍,看到小宝的滑稽样,两个小女孩忍不住笑了起来,这时,大宝马上站出来,大声说:"不许你们嘲笑我妹妹!"接着,蹲下来,给妹妹的脚吹一吹,说:"姐姐扶你起来。"那一刻,我的心都要被暖化了。

两个孩子没事时,也总爱抱着打闹,亲热极了。

很多个瞬间,两姐妹彼此间浓浓的爱,都让我无比庆幸始终坚持由我们亲自带两个孩子。

如果不让她们同住,她们又怎么知道彼此在自己生命中的重要,又怎么知道每一个人都是家中不可缺少的一分子,又怎么培养亲密的手足之情呢?

05

"确实没有精力同时带两个、管两个啊!"很多家长这样顾虑。

其实,这是我们内心自己给自己的设限,以为我们带不了。

若是我们下决心亲自同时带两个,就会去努力琢磨和寻找好的养育方法,甚至会发现,带两个孩子,比带一个孩子更轻松。

就像我们,过去带一个宝贝时,全家人围着转,全家人都觉得累。

但是自从我们亲自带两个宝贝后,为了不会更累、更烦、更忙,开始重新调整养育理念,不是"围着孩子转",而是"孩子进入家庭",以家庭为中心,不再以孩子为中心。

不再完全顺着孩子,而是规律两个孩子的作息,在给孩子大量爱的同时,也制定规则。

即便先生不在家,我一个人带两个孩子也觉得轻松无比。

没有分开带,没有让其中一个,或轮流让老人照看,两个孩子内心都充满了安全感,所以很少哭闹,总是乐呵呵的,也总是很配合。

大宝4岁多开始,会带着妹妹玩。所以常常觉得大宝不上学的时候,也完全不忙乱,更轻松。两个孩子也总是玩得很开心很快乐。

而小宝,有姐姐当榜样,更是什么都早早学会自己来,让我少操心太多了!从没有喂过小宝饭,更没有训练过小宝如厕,也没担心过小宝尿裤子,因为小宝跟着姐姐学习,半岁吃辅食开始,就会自己吃。从小看着姐姐上厕所，1岁多就会知道上厕所要坐小马桶，2岁3个月时，就自己脱了尿不湿，从此自己解便，穿脱裤子，完全不尿湿裤子。

有天，小宝遇见人就喊："爷爷早上好！""叔叔早上好！""阿姨早上好！"而这些也都是听到姐姐打招呼，就自己跟着学了。

而最近，小宝想要和姐姐一起睡，我同时安排她们俩入睡，比分开带她们入睡，用时更短，让我更觉得轻松极了。

每天早上，两个宝贝一前一后开了自己的房间门，来到我面前，都让我觉得既忍俊不禁，心里又充满了欣慰。

让两个孩子同住，除了最初很短的时间内，需要多花一点时间，去学习如何更好地养育两个孩子，事实上，带两个孩子不仅不会让父母更累，反而会更省心，更轻松。

06

前段时间，由于我和先生参加线下两天两夜的夫妻营，不能带孩子，第一次将两个孩子分开。

大宝放在同市的奶奶家，小宝放在邻市的外婆家。

当时只想着，小宝从小我亲自带，特别有安全感，上次我离开去北京学习几天，她和姐姐俩跟着爷爷奶奶，她每天很开心，我回来后她也和往常一样。这次应该也没有问题。

但我们忽略了，那一次，她是和姐姐一块在奶奶家。而这次，她是第一次，一个人，和姐姐分开，独自在外婆家。

和外婆他们在一起的时候，她表现得很开心，甚至睡觉也不让外婆陪，像在家一样，一个人就睡着了。

可是和我们见面后，才发现，她变得超级黏人，随时要我抱，要我陪，睡觉也一定要我守着她睡着才离开。

以前姐姐一放学回家，她就守着姐姐玩。现在她也只黏着我，不和姐姐在一块玩了。

直到我意识到，这次让小宝失去安全感的最重要的原因，是因为她和姐姐被分开带了，姐姐去了常去的奶奶家，而她第一次独自在外婆家，她的安全感被破坏了，她和姐姐的亲密关系也被阻隔了。

除了给她安全感，我也有意识地让她和姐姐玩，刚开始她还是喜欢哭着黏着找我，我请姐姐帮忙解决问题，很快，两个人又玩到一起了。

一两天后，完全恢复正常了。两个孩子又有了亲密链接，小宝也不再那么黏我了，睡觉时，又会笑着跟我说："晚安，妈妈，拜拜，妈妈，我爱你。"让我离开房间，自己香甜入睡。

对每一个有兄弟姐妹的孩子来说，和兄弟姐妹有深度的链接，是仅次于与父母有亲密关系的最大需要。

孩子需要和兄弟姐妹有亲密的关系，需要和兄弟姐妹生活在一个屋檐下，需要和兄弟姐妹同样被父母养育，受同样的教育，生活在同样的家庭氛围。

孩子需要的是真正的手足之情，而不是被刻意阻挡、分开的手足之隔。

如果你是二胎家庭，如果你爱你的孩子们，请不要再将他们分开养育了。请给每一个孩子充足的父母之爱，也给每一个孩子亲密无间的手足之爱。

这将是你送给孩子们最好的礼物。

第 6 章
父母的关系,是孩子起跑的土壤

你的婚姻状态，藏在孩子的性格里

01

在一次婚宴中，看到许久未见的小女孩若若时，我惊呆了。

若若眼神木讷，表情呆滞，怎么逗她都没有反应。

可是一年前，她还是一个特别灵动、一逗就哈哈大笑的开心果啊。

后来才知道，这一年来，若若的父母经常吵架，越吵越凶，有好多次差点打起来。

父母相互指责着什么，1岁多的若若听不懂。

可父母彼此憎恶的表情、恨极了的语气、混乱紧张的氛围，使若若心里充满了恐慌害怕，常常哭得声嘶力竭，晚上也总是惊吓哭醒。

至今过去了快十年，若若当时的神情仍旧无比清晰，每每想起都觉得心疼。

一个家庭的婚姻状态，藏在孩子的性格中。

是好是坏，孩子都无法抗拒地在承担，也折射了出来。

第 6 章
父母的关系，是孩子起跑的土壤

父母经常吵架的家庭，孩子的内心活在动荡之中，他们害怕、无助，性格内向、胆小，不敢与人交往，畏惧亲密关系，越长大，越想逃离这个家。

02

知乎上有个女孩，匿名讲了她的故事：

读小学时，无意中看到父亲手机里与其他女人露骨的短信，知道父亲出轨了。

顿时她整个人蒙了，手脚冰冷，身体止不住地颤抖。

她心里恨极了父亲，又不敢告诉母亲，每天都在煎熬中度过。

妈妈到底是知道了，哭、闹、打，歇斯底里。尽管父亲最终回头，给她性格留下的印记却无法磨灭了。

从前，老师给她的期末评语，写的是"活泼外向，大方自信"，之后每次都是"沉默寡言，孤僻独处"。

她很早就开始恋爱，却每段恋情都不过半年时间。

她发现自己有着父母的双重性格，像母亲一样被情感折磨，害怕失去，不信任对方，像父亲一样暴躁易怒，甚至打人。

她说："他们骂我'神经质'，我承认，我这辈子就这样了。从发现父亲出轨那一刻起，我就没救了。"

一位网友回应："经历相似，现在很自卑敏感，没有安全感，越长大越害怕，抱抱你。"

心像被针扎了一下。

你以为孩子什么都不懂，其实孩子什么都知道。

精神分析认为，一个人现在的人际关系是他早年内心世界与父母关系的内化与重现。

父母是孩子最信赖的人，父母相爱给孩子最深的安全感。

当有一天这种信任和安全感崩塌的时候，给孩子带来的打击几乎是毁灭性的。

也许孩子看似撑住了，可是他们的内心却日复一日痛苦着，这种痛苦会改变孩子的性格，影响孩子的一生。

03

《少年说》有一集，四年级的小学生上台"吐槽"自己的父母，大喊：

"妈妈，你太喜欢撒娇了！爸爸，你太惯妈妈了！我想问一句，你们有没有考虑过我的感受？"

她说，妈妈经常用发嗲的声音，像小女孩一样跟爸爸说话，动不动就夸爸爸，听得她起鸡皮疙瘩。她想吃苹果，爸爸让她自己削；妈妈想吃，爸爸马上去厨房拿水果刀给妈妈削。

说是吐槽，小女孩却全程在笑，性格一看就很活泼，喊完了一溜烟跑下楼，难怪主持人调侃说："小丫头是来招羡慕的。"

而她的父母，看着特别普通的一对中年夫妻，始终牵着手站在台下，妈妈靠着爸爸的肩膀羞涩地笑，两人紧紧依偎，彼此眼神里都是甜蜜。

第 6 章
父母的关系,是孩子起跑的土壤

这场景实在令人动容,多少人渴望自己的父母也能这样啊!

04

某一期《奇葩说》,戳中了很多人的心。

在父母再婚的辩题里,听到"新妈"这个词,陈学冬瞬间像刺猬浑身竖起了刺:"她(继母)不是我妈!我永远不会把她当我妈!"

即便父母在他小时候就离异,已经28岁的他,依旧不能接受父母离婚、再婚的事实。

他说:"我现在还想我爸和我妈在一起,我特别内疚当初为什么没有阻止他们离婚。"

早在《我家那小子》节目中,陈学冬就格外令人心疼。

他很脆弱,在提到当年音乐学院的汤老师拍他背的事时,哭着说:"我非常非常伤心,我没有父母。"

他不懂为什么老师要打自己,要对自己这么严格。他以为老师不爱他了。

夜晚一个人在空荡荡的房间,他会觉得格外孤独,也特别害怕这份孤独。他说自己真的不快乐。

从小抚养他长大的大姨,说出了他性格脆弱和孤独的根源:"不快乐是因为父母还是在离异。"

而这次,他表现出来的更多是压抑着的愤怒。

他说:"为什么你们自己就决定离婚了,后果却要我来承担?为什么你们自己又决定再婚了,后果也要我来承担?"

句句戳中泪点。

多少年过去了，即便长大成人，他依然哭泣与愤怒，只因他的背后是破碎的婚姻。他深深渴望父母相亲相爱，从没有分开，梦想自己是个生活在和睦婚姻中的幸福小孩。

05

心理学家萨提亚说："一个人和他的原生家庭有着千丝万缕的联系，父母相处的模式就是孩子学习的模式。"

动画片《雪孩子》的原创绘本作者雷蒙德·布里格斯，创作了许多感人至深的绘本，多次获得国际大奖。

有人说因为他始终保持着对生活的热爱，对生命的感动。

父母去世后，雷蒙德创作了一本描写父母爱情的绘本《埃塞尔与欧内斯特》，讲述了几十年来父母相识、相爱的微末细节，令人感动不已。

原来，他心里对世界敏锐的爱，都来自父母相爱的耳濡目染。

父母的婚姻状态，深深影响着孩子。

争吵的婚姻，孩子压抑愤怒；冷漠的婚姻，孩子缺乏温情；挑剔的婚姻，孩子抱怨推责；背叛的婚姻，孩子敏感多疑。充满伤害的婚姻，深深的自卑伴随孩子一生。

父母相爱的婚姻，孩子则阳光大方，开朗自信，重情重义，孝顺感恩，负有责任心。

婚姻或好或坏，外人也许一时看不出，孩子的性格却说不了谎。

如果婚姻遇到了问题，请别轻易否定和放弃，再试着努努力，走

第 6 章
父母的关系，是孩子起跑的土壤

出抱怨和彼此伤害的怪圈，学会经营婚姻，让爱重获新生，我们带给孩子的也将如同新生，滋润孩子一生。

愿每段婚姻带给孩子的都是美好与祝福，愿每个来到世上投靠父母的孩子都不被伤害与辜负。

孩子最好的起跑线，
是父母的远见

这样的父母，是最美家庭的模样

一位妈妈讲过一件事：

儿子读小学时，邀请同学到家中玩。

两人不小心把水杯弄倒，水洒了一地。

儿子淡定地去厨房拿抹布。

同学却显得很紧张，眼神闪躲，充满慌乱。

妈妈看见了，安慰他："没事呀，每个人都会犯错的。"

这句话是她的口头禅。

他说："我好想住在你们家！"

原来，在他自己的家，如果有谁喝牛奶时，不小心把牛奶挤了出来，弄脏了衣服和地板，妈妈一定会大声呵斥："你怎么那么不小心？就知道惹麻烦！"

家里总是充满了紧张、压抑的氛围。

令人心疼不已。

每一个孩子，都渴望生活在和睦轻松的家庭氛围中。

第 6 章
父母的关系，是孩子起跑的土壤

01

《优秀是这样训练出来的》作者迈克尔·珀尔夫妇，是美国家庭学校运动的先驱，多年来致力于婚姻家庭问题的辅导事业。他们曾做过一次问卷调查。

问七十五个孩子：

"你认为家庭什么情况改变，会让你成为更快乐的人？"

很多孩子回答：

"如果妈妈不说爸爸的坏话，我们就会有一个幸福的家庭。"

一位读者来信：

"作为妈妈来讲，我找不出她的任何错误，可是当我想到我的妈妈，我想到的是一位焦虑、烦躁的人，她总是责备爸爸。

"我不想做这样的妻子、妈妈。我希望我的孩子们能记得我是一个爱他们父亲并且享受生活的人。

"我结过婚，又离了。

"当我有一天在现任丈夫脸上，看到曾出现在我父亲脸上千百遍的失落神情时，我内心的堤岸崩溃了：我就像我的妈妈。"

妈妈的话影响着家庭氛围的风向。妈妈常对爸爸说责备的话，抱怨爸爸，批评爸爸，爸爸妈妈不恩爱，孩子的内心就会痛苦、压抑。孩子的心中也会烙上爱抱怨的印记。

如果妈妈常说鼓励的话、夸奖的话、恩慈的话，家中的氛围就会充满温馨和谐，孩子也会成为更快乐健康的孩子。

最近在一次家庭教育讲座中，被一个真实的故事感动了。

有位爸爸告诉妈妈，星期五会有三对夫妇到他们家做客。

孩子最好的起跑线，是父母的远见

提前一周，妈妈收拾整理房间，打扫卫生。周五当天，更是忙上忙下，买菜做饭，摆好九道菜后，安心等待客人的到来。

没想到，客人们迟迟未来。打电话过去询问，才知道确实约好到他们家吃饭，但不是这周五，而是下周五！

这么大费周章，居然搞错了。关键是，下星期还得再重复一次！

这位妈妈有理由生气、抱怨、指责，可她没有。

深呼吸后，妈妈走过去坐在爸爸的腿上，搂着他的脖子，亲了他的脸一下，说："亲爱的，只有你这么可爱的人，才会把日期记错！"

压抑、紧张、沮丧的氛围瞬间消散，取而代之的是轻松、和睦和甜蜜。

他们坐在桌边，点上蜡烛，倒上红酒。孩子快速吃完饭躲进书房写作业，留给爸爸妈妈一顿丰盛的烛光晚餐和一个浪漫的夜晚。

他们的家庭，始终充满着轻松愉悦的氛围，孩子在爸爸妈妈的恩爱中耳濡目染，内心也充满了安全感与自信心，也充满着对他人的善意与友好，得以温暖地成长。

犹太人有句箴言：才德的女子，舌上有仁慈的法则。

妈妈这样做，是对爸爸的尊重与体谅：

不说抱怨与指责的话、多说甜蜜与夸奖的话的妈妈，明白很多时候对错不重要，最重要的，是家庭的和睦，一家人的相亲相爱。

02

网上有这样一个扎心的公式：

婚前——男：挣钱；女：挣钱。

婚后——男：挣钱。女：挣钱+做饭+管孩子吃饭、睡觉、穿衣、洗澡、陪孩子玩+买菜、购物+督促孩子学习+接送课外班+参加孩子各种活动+孩子身高胖瘦、心理健康教育+洗衣+搞家里卫生+双方父母和兄弟姐妹及亲戚朋友的嘘寒问暖乱七八糟一大堆的杂事……

网友说："别问女人为啥脾气变得这么暴躁，要是有人替她干这一堆的事，估计也会很温柔。"

爸爸主动承担家事，主动体贴妈妈，是给妈妈最好的爱与呵护，是帮助妈妈远离指责与抱怨的"良药"。

记得刚开始没有婆婆帮忙，独自带两个孩子时，我常手忙脚乱，心情格外烦躁，总是忍不住发火。

有一天晚上，老公因为头天熬夜加班，早早睡了。我在另一个房间哄两个孩子睡觉，孩子们迟迟不睡，我生气地呵斥，顿时开始了此起彼伏的大哭。

我崩溃极了。

正在这时，门开了，老公进来抱过大宝，哄她睡觉。大宝不再哭，小宝也在我怀里安静地吃奶。很快，两个孩子睡着了。

我内心化作无限柔情与感动。

老公休假时，总是主动做饭。老公说："你做烘焙、果汁就可以，油烟伤皮肤。而且我不在家时，辛苦你了。"

出门时，老公负责抱孩子、管孩子，我负责穿得美美的，幸福地笑。

家里的大小事务，他都会操心。有时他打趣："我就是操心的命，不过我心甘情愿为我的三个宝贝操心。"

每一个妈妈，都需要爸爸的爱与理解。

爸爸这样做，是对妈妈的疼惜与呵护：

主动承担家庭责任、主动做家事、主动带孩子的爸爸，能看到妈妈的辛苦，发自内心体贴妈妈，用爱滋润与呵护着妈妈的心灵，成为家庭和睦最好的养分。

03

杨澜在养育子女上很有智慧，两个孩子被她教育得很好。

在儿子小时候，杨澜给他讲故事，讲到上帝给所罗门一件礼物，所罗门要的是智慧。她问儿子："你要什么？"儿子说，他希望世界上所有的小朋友都健康。

杨澜惊喜地夸儿子："你比所罗门还厉害！"

她鼓励孩子们说出自己的想法，大声夸奖孩子，孩子们犯错也不呵斥与挖苦，让孩子在被尊重与安全感中得到正确的引导。

杨澜曾说："做妈妈不要太紧张，不要对孩子太苛求。抱怨和咆哮最伤孩子，即便当时把孩子压制了下去，但孩子将来也会用同样的方式表达情绪。"

妈妈如何对孩子说话，决定着孩子性格的走向，成长的方向。

知乎一名网友，称自己的爸爸是世界上最有趣的人。

爸爸工作一直很忙，却挤出各种各样的时间陪她。

带她去爬山，去野外捉虫子，采集植物的种子和叶子，带她种花，画观察日记，带她一起打羽毛球、排球、学游泳，玩各种游戏，比赛说绕口令，给她讲古代的故事。

陪她一起画画，和她一起动手做拼图、做娃娃。

她说:"童年和爸爸在一起的日子,都像自带金色滤镜一样美好。"

在父亲的陪伴下长大的孩子,有最幸福的童年,也受着最好的教育。

妈妈这样对孩子说,爸爸这样对孩子做,孩子成长最健康。

04

作家王怡在儿子书亚小的时候,和儿子有过一段对话。

王怡问坐在腿上的儿子:"爸爸的宝贝是谁?"

儿子说:"是书亚!"

王怡摇摇头:"不对,爸爸的宝贝是妈妈。那妈妈的宝贝是谁?"

儿子这次声音小点了,不敢确定地回答:"是书亚。"

王怡摇摇头:"不对,妈妈的宝贝是爸爸。那爸爸妈妈的宝贝是谁?"

这下儿子非常确定,大声、开心地喊出:"是书亚!"

王怡抱着儿子猛亲一口:"对啦!"

最好的关系,就是爸爸的宝贝是妈妈,妈妈的宝贝是爸爸,爸爸妈妈的宝贝是孩子。

最好的家庭,就是爸爸爱妈妈,妈妈爱爸爸,爸爸妈妈一起爱孩子。

在这样环境中长大的孩子,从小生活在爱的氛围里,内心被爱充盈,也会长成爱的模样。

正如美国家庭治疗大师萨提亚说:

"一个人的性格特点、人生三观、精神品格、思维方式、生活习惯，都深受其原生家庭的影响，孩子的种种思想和行为里，都可以照见自己和父母一样的面容。"

父母恩爱的家庭，孩子会有安全感，性格开朗乐观，知道家庭关系的正确优先顺序，将来也会带着这样的模式进入自己的婚姻中，更会创造与获得幸福。

父母用心爱孩子的家庭，孩子会有价值感，知道自己是值得被爱的，被全心呵护与珍惜的，孩子会拥有与人交往的智慧，面对挫折的逆商，面对世界的勇气与信心。

妈妈会说鼓励的话，爸爸会主动做事，是家庭最美的模样。

一家人相亲相爱，家庭氛围和睦温暖，是给孩子最好的祝福。

第 6 章
父母的关系，是孩子起跑的土壤

生娃后，爸爸睡哪儿很重要

前些天，闺蜜突然兴致勃勃地问我："你和你老公睡觉是什么姿势？"

"啥？"冷不丁被这样一问，我一脸茫然。

她哈哈大笑："我刚看了一套图，特逗，通过夫妻睡觉姿势，看出双方的感情，还别说，挺准的！"

夫妻如何睡觉，的确能看出两个人的婚姻状况如何。

光明网就曾报道，英国赫德福德郡大学研究发现：

夫妻共眠方式是评估婚姻关系好坏的绝佳方法。

睡觉时相互依偎的夫妻，比距离较远的夫妻，对婚姻满意的比例高出30%。

检验婚姻的最好标准，就是睡觉。

01

凌晨，朋友打来电话，哭得很伤心，我也陪着她掉泪。

结婚五年的老公有外遇了。

怎么发现的？

朋友说："因为睡觉的感觉不同了。"

过去，她在另一个房间哄孩子睡觉，老公总会在床上等她。当她过来，钻进被窝，老公会挠她的胳肢窝逗她笑，两个人打趣、聊天，有时还会看电影，再搂得紧紧的，相拥入睡。

最近，却变了。

老公总是低头看手机，即便她都到了面前，钻进了被窝，他也头都不抬。

她跟他说什么，他只嗯嗯几声，再无话说。

有时他看着手机就背对着她睡着了，有时她睡了，他还在闷头看手机。

起初，她以为是他工作太辛苦，遇到了烦心事，就体谅地没说什么。不料这日子竟持续了一个月。

她想一定有问题。

女人一旦敏感起来，很有侦探的潜质。

很快，她确定老公真的出轨了，事情发生在一个月前，老公见了他的初恋后。

美剧《欲望都市》中有句台词："我们在床上表现如何，就表示我们生活过得如何。"

我们在床上的反应，透露出我们如何对待伴侣。

我们在床上的模样，折射出我们的婚姻好不好。

02

微信群里，某次，妈妈们讨论睡觉的话题。

令人惊讶的是，太多的妈妈都和老公分房睡。

"他要上班，需要休息好，晚上孩子吵，分开睡更方便。"

"床只有那么大，他一来睡就挤着我和孩子了。"

"他那呼噜声一打，孩子准醒，他不睡书房怎么行？"

"他有时候会凑上来，我每次都把他一脚踹走。现在完全不想和他睡一床。"

…………

所有人都说：有了孩子，老公到另一个房间去睡，天经地义。毕竟孩子还小，需要妈妈，老公多大人了，还需要人陪？

这样的婚姻幸福吗？

大多数的答案是"将就过而已"。

两个孩子的妈妈小玲，和老公分床已经三年了。

她的心里充满了伤痛感："生下小宝后，和他的感情越来越糟，除了吵架，就是冷战，太痛苦了。"

床分着分着，有一天也许就真的分开了。即便没有，心也如同被撕裂了一样。

睡一起，窝在一条被子里，有人暖被窝，有人知冷暖。

分开睡，你的悲伤疲惫他不懂，他的孤独寂寞你不解。心就越来越远。

知乎上关于分房有个问答，一个叫"不可不戒"的回答看得人很是心酸：

"40岁了，分床已经是十年了，因为孩子10岁，这之前的十年就是她一直陪着孩子睡。影响感情不？影响。当某种行为形成了习惯之后，想改也难改了，总之，目前的婚姻不是我理想的状态。我不赞成分床分房睡，人活在世间，已经够孤独了，白天孤独，夜里孤独，还不如出家算了。为了孩子，坚持吧。"

和谁睡觉能够检验一个人的心里谁最重要。

为了孩子跟丈夫分床睡的妻子，孩子最重要。

为了怕影响自己休息分床睡的丈夫，自己更重要。

当伴侣的位置变得不那么重要时，婚姻已经受影响了。

03

闺蜜曾一度想要离婚。

老公的工作越来越忙。无数个夜晚，都是她独自入睡后，老公深夜才应酬回来。

他们之间似乎没了任何交集。

她睡着了，老公才回来。她上班了，老公还未起床。

他们有多久没有相拥入眠，有多久没有好好谈心了？她不知道。

他总说："现在正是打拼上升的最好时机，我要抓住机会。我越忙，我们和孩子才会过得越好。"

他根本不懂她真正要什么，心灰意冷的她决定离婚了。

准备提出来的头天晚上，她躺在床上，怎么也睡不着。听到门锁打开，知道老公进房了，脱下衣服，掀开被子上了床，她依然背对着床外，闭着眼，她的心情非常复杂。

意料之外，一个吻落在她的脸颊，只听老公说："老婆，晚安，我爱你。"

她的心一颤，几乎落泪。

这个吻和这句话是他们从前约好的，睡觉前一定要向对方做的一件事。

她不知道这个动作是突然的，还是天天如此。

一连几天，她都睡得很浅，在老公回来时醒来，悄悄装作仍在睡觉。

一连几天，老公每晚睡觉前都会亲吻她，对她说："老婆，晚安，我爱你。"又从背后搂着她入睡。

她的心，就这样活了过来。

后来，她常常晚上比以前提早很久入睡，定好闹钟，估摸着老公快回来了，就起床迎接老公，陪他一起上床，相互按摩按摩，一起聊聊天，彼此说晚安，说我爱你，再相拥入睡。

有了更多的交心时间，他也越来越明白她的感受，开始推掉很多应酬，尽量早早回家。

现在的他们好像在热恋中。

睡前的仪式感，透露着对另一半的珍视与爱。这并非表演，而是真情的流露。

一起入睡，才有更多沟通与甜蜜的机会。这并非做作，而是对婚姻的用心经营。

04

明星蔡少芬有一次在采访中说：

她和张晋有一个约定："任何时候，都不分房。"

无论怎么吵架怎么生气，晚上依然睡一起。常常她看着对方，气就消了，忍不住感叹"好帅呀"，惹得张晋扑哧一笑，双方和好了。

生下小女儿后，他们仍睡一个房间。但有一个秘密休息地洞——"床底"。

有时她看张晋太累了，就会晚上自己带两个女儿睡床上，张晋在床底打地铺，约定不管女儿们如何，张晋都只管睡。张晋也会心疼蔡少芬，常常跟她换着来。

两人最享受的是孩子们都睡着后，倒上红酒，就着夜色，聊着知心话，你侬我侬，甜蜜非常。

在一个房间，生气不过夜，没有隔夜仇，而即使床上床下，也感同身受着对方的辛苦，感动着对方对自己的体贴，又一起忙中偷乐，想着法浪漫，婚姻怎么会不幸福呢？

张晋在获得金像奖最佳男配角奖项时说："结婚的时候我们说要风雨同舟，风雨我们走过了，接下来希望有更多的风景我们可以一起去看。"

睡觉是婚姻生活的浓缩。

婚姻是两个人结合成一个家，睡觉是两个人睡在了一张床。

婚姻中会遇到大大小小的风雨，也有各种各样的风景，需要彼此磨合，也要一起欣赏。

睡觉也一样。

第 6 章
父母的关系，是孩子起跑的土壤

大大小小的风雨，也许是他打呼噜你磨牙、他怕冷你怕热、他晚睡你早睡，真正的爱，就体现在一次次的彼此体谅、甘愿舍己中，直到相互融合，没了对方，反而睡不着。

各种各样的风景，也许是一起窝在床上看电影、逗趣打乐、说私密的情话、做美好的事。最深的幸福感，就在夜晚，在两个人的亲密相爱、相拥而眠中，升华到最高，甜蜜到天亮。

《圣经》说："二人同睡就都暖和，一人独睡怎能暖和呢？"

夫妻同睡，暖的是人，更是心。

睡的是觉，更是爱。

愿每对夫妻都一起睡到天荒地老，睡出幸福，睡出浪漫，睡出满满溢溢的爱。

孩子最好的起跑线，
是父母的远见

父母的关系，藏在孩子的气质中

最近，朋友与从小分开的双胞胎妹妹终于相见了。

却谁都不敢认。

她们相貌差别太大，朋友长得很俊俏，妹妹却其貌不扬，甚至不太好看。站在一起，除了个子差不多，粗看没有任何相像之处。

可是，在她们小时候的唯一合照里，两个人明明是一模一样啊。

妈妈拉着妹妹的手，看着虎口上的三角形胎记时，痛哭不已。

小时候，因为家里太穷，奶奶突患重病，每天需要支付昂贵的医药费，而妈妈早年因一次意外失去了劳动力，家中还有一个正在读书的姐姐。

不得已，父母将妹妹过继给了一个亲戚家。

他们家庭条件很好，自己没有孩子，又为人和善，所有人都觉得被送走的妹妹会过得最好。

不久后，亲戚家搬去了很远的北方，一别就是二十多年。

此后，两个孩子生活在截然不同的家庭氛围中。

朋友家境虽然困难，可是父母一直很相爱，爸爸不舍得对妈妈说一句重话，妈妈经常给爸爸捶背，两人从未拌过一次嘴。

第 6 章
父母的关系,是孩子起跑的土壤

妹妹家中的条件虽然更优越,养父母也一直把她当亲生女儿一样疼,可是父母的关系却很不好。在她5岁时,养父外遇,后来虽然回家了,养母却再没有笑过。

妹妹就是在这样的环境中一天天长大。

父母的关系,藏在孩子的气质中。

父母越恩爱,孩子的气质也越不一样。

01

读大学时,第一次见到室友肖肖,我就被惊艳到了。

回眸一笑那一瞬,连作为女生的我都不禁觉得心动。

站在人群中,长发飘飘,大眼睛的她一定是最闪亮的那个。

她的美,不仅男生被吸引,女生也很喜欢。

这样的她,父母一定特别好看吧?

直到去肖肖家做客,才发现其实叔叔阿姨长得非常普通,即使是年轻时的照片,看起来也很大众相。

跟肖肖提起,她笑道:"大概是因为我爸妈太恩爱了,给我注入了爱的基因。"

的确如此啊。

肖肖的父母是我见过最恩爱的夫妻,各种花样表白,经常麻得我浑身起鸡皮疙瘩。

妈妈随时会冷不丁冒一句:"老公,你真是太优秀了!"爸爸的口头禅是:"老婆,你咋这么好呢!娶了你,我咋这么幸福呢!"

爸爸出门上班,妈妈送到门口,难舍难分,还会说:"老公,我会想你。"爸爸则亲亲妈妈的额头,说:"乖乖等着我回来。"

完全无视房中还有其他人。

这哪里是40多岁的中年夫妇,分明是热恋中的男生女生。

肖肖说,从她能记事起,爸妈就一直这样,甚至一年比一年甜。

这样的生活,如同天天泡在蜜罐中。

《水知道答案》一书中,展示了大量显微镜下的水晶体图片:对水说"讨厌"等负面话语,水晶体的形状凌乱无序;对水说"喜欢"等正面话语,则呈现出精致美丽的各种形状。

令人惊叹不已。

我们人体的重量中,水分占了70%。

肖肖这样天天被父母的浓情蜜意包裹,耳边全是甜如蜜的各种情话,又怎么会不受影响,美如天仙呢?

父母恩爱,是孩子生长最好的养分,能让孩子长成最美的模样,一颦一笑都好看动人。

02

前段时间,看见多年未见的远房表妹那一刻,我愣住了。

本以为18岁的她会出落得亭亭玉立,没想到,完全不是。

表妹的眼角和嘴角往下耷拉,看人眼神躲闪,头发枯黄,不仅一点没有这个年龄女孩该有的朝气,更丝毫没有小时候的影子。在我印象中,那时的她像洋娃娃一样好看。

让人看了既难受又诧异。

后来,从其他亲戚口中知道了:

表妹从小经历的是，爸爸妈妈经常打架，而且会用极其恶毒的话咒骂对方，表妹经常吓得躲到桌子下面，瑟瑟发抖。

有一次，妈妈被爸爸推倒，额头撞在茶几上，划了很长一道口子，爸爸也被妈妈用杯子砸中脑袋，鲜血直流。

全身缩成一团的表妹，睁着惊恐的眼睛，嗓子都哭得嘶哑了。

父母彼此的指责打骂、无比狰狞的面部，仿佛一把把利剑刺向她。

让她如同一朵小花，还未绽放就提前枯萎。

在这样环境下生活的她，充满了恐惧、动荡和不安全感，内心是无尽的自卑、多疑与胆怯。

莎士比亚说：外在的相貌其实是内心世界的一面镜子。

表妹如今的模样正是来源于她备受痛苦的内心啊！

反之，父母恩爱的孩子，性格大方，心态乐观，充满自信。

从心底里发出的笑容，对这个世界的善念，对身边人的友好，完完全全呈现在孩子的相貌上，孩子定然长得更好看，甚至整个人像被光环笼罩一般。

03

知乎有一个高赞问答："父母恩爱是什么样子？"

一位网友贴出了自己一家人的照片。

姐姐很漂亮，他很帅，妈妈也好看。爸爸则把头偏向妈妈，笑得特厉害，看不清正脸。

他说：父母恩爱，就是妈妈越来越好看，姐姐和我也越长越好看。

网友说自己的爸爸是典型的"有了老婆,忘了儿女"。

爸爸平时特别宠妈妈,舍不得妈妈下厨,油烟会让妈妈的皮肤变得不好,舍不得妈妈洗碗,会把妈妈的手弄粗糙。

结果是,等他读小学时,就全部承担了洗碗的任务。

爸爸炖一只鸡,两个鸡腿一定都夹给妈妈。做一大桌菜,经常最后发现都是妈妈一个人爱吃的,惹得他和姐姐不停翻白眼。

最"不公平"的是,爸爸每年都会休假,带妈妈出去旅游,却不带上他俩。

有时出差,回来带给妈妈一大堆礼物,他俩只能眼巴巴看着,问起来,爸爸就对妈妈说:"老婆,你看哪些不是很喜欢的,就给他俩。"

情人节,居然特意打电话叫两姐弟周末可以待在学校,不用回家,好让他们能过二人世界。

满屏的"吐槽",却透露着满满的幸福。

他说:我很庆幸生活在这样的家庭中,我将来也会以我的爸爸为榜样,对自己老婆好。

有人说:在婚姻中幸福的女人,心情好,日子过得舒畅,整个人就会越来越容光焕发,即使年龄越来越大,给人的感觉却是越来越美。

爸爸宠爱妈妈的家庭,妈妈被爱情滋润得更好看,孩子自然也跟着越来越好看。

父母的恩爱,滋润了彼此的心和彼此的长相,更滋润着孩子的心与孩子的长相。

第 6 章
父母的关系，是孩子起跑的土壤

04

布什一家是公认的高颜值世家，几个儿女都是颜值担当。

很多人说，比遗传更重要的，是老布什夫妇的相爱。

两人是美国历史上婚龄最长的总统夫妻。

妻子芭芭拉曾在七十二周年结婚纪念日上说："我老了，但我仍然爱着那个男人，正如我七十二年前嫁给他时一样……他给了我整个世界。"

芭芭拉去世那天，老布什久久不愿离去。第二天，就因血压升高入院。

七个月后，他跟随妻子而去。

老布什曾说："虽然我和她是两个人，但我们早已分不开。"

"我或许攀登上了世界上最高的山峰，但这依然不能与成为芭芭拉的丈夫相提并论。"

国内知名心理学家曾奇峰说，夫妻关系是"家庭的定海神针"。

这枚神针决定着孩子内心的幸福感、安全感，决定着孩子的性格，也决定着孩子的长相。

无疑，老布什夫妇的恩爱，就是布什家族的定海神针，让他们家族能够诞生两个美国总统，一个佛罗里达州州长，两个大商人，成为美国最有影响力的家族之一，儿女们也都好看极了。

网友秋雨微末说："我觉得幸福，因为爸爸妈妈爱着我，更因为他们很相爱。每次看见他们秀恩爱，我心里都能感受到真真切切的甜蜜，给我一个非常清晰且强烈的感觉——开心。幸福感要爆棚了。"

每天生活在开心中，又觉得幸福时时刻刻满溢出来，这样的孩子又怎么会不好看、不闪耀呢？

愿世上每对父母都相爱，每个孩子都在爱的滋润和沐浴下，越来越好看，越过越闪耀。

第 6 章
父母的关系,是孩子起跑的土壤

愿父母彼此相爱,成为孩子最好的原生家庭

01

张晋和蔡少芬的微博又撒"狗粮"了:

蔡少芬晒出七彩朱古力汤圆,称对张晋另眼相看。

张晋说自己媳妇儿不见了,最后在菜市场找到。

大家纷纷打趣的同时,再次被他们的恩爱感动。

一个高调炫老公做饭,一个低调夸老婆贤惠,一个是"炫夫狂魔",一个实力宠妻,甜透了。

蔡少芬和张晋结婚时,列举了一堆张晋的优点:"我爱他文武双全、对朋友忠诚、对工作认真、对我就真的更好了……他是极品!"

张晋获得金马奖最佳男配角时说:"很多人说我靠她,没错,我这辈子的幸福就是要靠她!结婚那天我们说好要风雨同路,而现在风雨已经有了,希望还有更多的风景,能和你一同看过。"

共同经历风雨,一起欣赏风景。

这真是婚姻中最好的模样。

如今幸福的蔡少芬,事实上,有着比许多人都糟糕的原生家庭。

父亲很早去世，母亲滥赌成性，她从小过着颠沛流离、四处躲债的生活。

17岁出道后，挣的钱全部用来为母亲还赌债，母亲竟还设局逼她与富商交往。

经历过抑郁、自杀、绝望的蔡少芬，却没有把原生家庭的错带到现有婚姻中。

网友说：

"她的原生家庭很烂，但是她很棒。"

这样的她，让很多深受原生家庭之苦的人看到希望：即便曾伤痕累累，我们依然能凤凰涅槃，重获新生。

02

有人说：婚姻中的许多问题，大多是由原生家庭复制衍生而来。过去的心理创伤，在与亲密的人的互动关系中最常浮现，以前没有得到的满足，现在要加倍得到。

一项调查显示：在一百五十个婚姻濒临崩溃的案例中，受到原生家庭影响的有七十八例，占52%。

原生家庭幸福的人，拥有爱的能力，带进婚姻的模式也积极正面，容易获得幸福。

原生家庭中，没有感受过父母的关爱，缺乏安全感和价值感，在婚姻中要么对伴侣要求过高，希望对方履行父母缺失的角色，要么觉得自己不配得到爱，在婚姻中小心翼翼、百般讨好。

没有见过好的夫妻关系，结婚后也容易延伸父母对待伴侣的

第 6 章
父母的关系，是孩子起跑的土壤

方式。

如同张雨绮。

张雨绮脾气火爆。和汪小菲恋爱时，吵架扇对方耳光；与王全安的婚姻中，怒踹对方车门；和袁巴元离婚前，因持刀闹到警察局。两次闪婚，两次离婚。

有人赞她果断勇敢，有人说她暴躁任性，我却看到一个饱受原生家庭之苦的小女孩。

张雨绮3岁时，父母离异。妈妈带着她再婚，没几年又离婚。

没有父亲做榜样，她也不知道如何选择男人，如何与对方相处，她承认"我看男人的眼光不行"。内心深处对父爱的渴望，更是让她两次的结婚对象都比自己大许多。

想想都令人心疼。

海灵格的著作《谁在我家》中，有一个关于原生家庭影响的描述：

一棵树生长在平地上，阳光充足，雨露滋润，就能达到稳定自然的形态。可一旦生长在峭壁上，就只能按照系统所允许的方式生长。两棵树最终的形态大相径庭。

伊能静小时父母离异，母亲改嫁日本人，三年级时母亲带她回香港，没多久母亲独自回日本，让大姐照顾她，却受到大姐夫的虐待。在提到自己的第一段婚姻时，她说，小时的经历，让自己缺乏安全感，给了彼此太大压力。

原生家庭的伤害，像无法摆脱的毒瘤，侵蚀人的生活，延伸到婚姻中。

最可怕之处，莫过于你拼了命想远离的样子，有一天发现根本摆脱不掉。

一位女读者给《荣耀的妻子》作者写信：

"我已经是第三次结婚了。我的妈妈从来不笑，家中充满了压抑，她瞧不起爸爸，总是指责他。我发誓绝对不要像她一样。直到第三任丈夫失业，我充满焦虑地每天指责他，某一瞬间看到镜子里的自己时，才惊觉：我变成了我最不想要的模样，我和妈妈一模一样了。"

心理学家武志红说："性格是一种内在的关系模式，它在原生家庭形成，是童年时你与重要亲人关系模式的内化，之后展现在其他各种关系中。因此有了这句话——性格决定命运。"

性格在原生家庭中形成，性格又决定了我们选择什么样的伴侣，如何看待和回应伴侣的行为，如何面对婚姻。

庆幸的是，性格并非一成不变。

我们无法改变过去，但我们能够改变自己。

03

原生家庭的错，如毒瘤，需要做手术切掉它，过程虽然痛苦，却能获得成功。

比如蔡少芬，也比如前文的女读者，最终因改变，在第三次婚姻中得到幸福。

当我们下定决心，不将原生家庭的错，带到现有婚姻中时，我们就开始了摆脱宿命、翻转命运的过程。

在妈妈的赌博如同无底洞时，蔡少芬选择公开断绝母女关系。她将心思放在自己身上，重塑内在与性格。

第 6 章
父母的关系,是孩子起跑的土壤

她改变一新,不受原生家庭缠累,变得开朗、乐观。她没有带着原生家庭的伤害进入婚姻,试图寻找满足,而是带着学会爱的自己进入婚姻中。

蔡少芬说:"我恨过我妈妈,但现在已经不恨了。"后来她与妈妈和解。

无论伤害有多深,迈向新生的第一步,就是选择饶恕。

越怨恨,越如同被囚禁般无法自拔。

只有不再怨恨和埋怨,我们才能挣脱束缚,昂首向前。

同时,要勇于正视因为原生家庭错误,给我们带来的性格影响。

苏珊·沃福德在《原生家庭:如何修补自己的性格缺陷》里说:"要驱除过去和现在的妖魔鬼怪,正视问题是至关重要的一环。"

曾经的我,因为初中时父亲对我突然从宠爱到苛刻,用严厉的态度对待我,我的心里充满迷茫困惑。

恋爱后,我特别害怕对方从爱我到疏远我,这一度让我们的关系非常紧张。我以为一切问题都是对方不在乎我造成的。

直到我正视了自己的内心,认识到自己性格的缺陷才是影响感情的最大问题。我开始改变自己,看到自己的价值,学习去看对方爱我的地方。

我不再是一个受伤中的小女孩,最终成为收获幸福婚姻的女人。

家庭治疗、焦点解决取向心理咨询师应飞说:

"当孩子知道有一部分变化的自主权、选择权永远是在自己手里,也就不会将导致家庭模式僵化、延续的责任全部推给父母,而尝试承担起自己应该承担起来的责任。"

我们有选择摆脱原生家庭错误的权利,也有责任让自己获得幸福。

04

原生家庭如同茧一样,我们可以成为勇敢破茧而出的蝴蝶。

成为更好的自己,学会更好地去爱。

心理咨询师陈烷洁说:

你要逐渐摆脱父母给你植入的"自动导航"模式,这是对自己的负责。如果你想要成为更好的自己,就需要把目光放到原生家庭之外,实现自我成长,及对原生家庭的超越。

我的婚姻小组长安娜,小时候父亲外遇,与小三生下孩子,父亲还把她们带回家。长期生活在这样极度扭曲的家庭状态中,而她自己更从未感受过父爱。

这一切严重影响了她后来的婚姻生活,差点和丈夫离婚。绝望痛苦之中,她选择了另一条路。

如饥似渴地阅读婚姻书籍,学习经营婚姻。最终,她不仅婚姻美满,更是成就了自己。

拥有好的原生家庭,是幸福。

拥有坏的原生家庭,是不幸。

痛苦的过去无法选择,但我们能选择现在和未来。

与过去和解,成为最好的自己,是摆脱原生家庭错误最好的姿态。

无论什么都不能阻挡你拥有幸福的婚姻。

第 6 章
父母的关系，是孩子起跑的土壤

智慧的母亲，助力父亲的角色

01

《三字经》中说："养不教，父之过。"

《圣经》也有一句话："只做一个女人的丈夫，好好管理自己的家和儿女。"

无论中西方文化差异多大，但在这里提到"父亲"，都有一个重点：那就是管理儿女，教导儿女。

父亲应该承担起最重要的教养儿女的责任，包括给儿女定规则、执行规则、养成好的行为习惯，对儿女学业等各方面的决定、引导和鼓励。父亲是最佳的角色。这会树立父亲在孩子心中的威信，也是孩子的需要。

心理学研究发现，孩子在5岁以前，特别需要母亲。但5岁以后，会开始更看重父亲的话，更期待父亲的参与和教导。父亲说一句，可能在孩子心中，顶母亲唠叨几十句。

在一项摸底调研中，父亲直到初中仍是孩子心中崇拜的榜样。

作为父亲，一定要珍惜自己在孩子心中的地位，不要让这个地位一直空着。

越多花心思在孩子身上，会越多在这个过程中发现和享受管理与引导的乐趣，甚至会帮助自己处理与他人的关系，因为连孩子的问题都能解决，更何况其他问题呢？

而且，当父亲更多承担起教养儿女的责任，当妈妈的就会更轻松，不会过于焦虑，不会那么容易暴躁唠叨，也会更尊重父亲，使整个家庭处于良性循环。

有的父亲可能觉得工作很忙，没有那么多时间关心孩子的成长，可是连奥巴马在当总统时，都能够坚持每天晚上和家人一起吃饭，我们有什么做不到呢？

奥巴马说："晚餐时间一个小时左右，我把注意力从我的工作转移到他们身上，我会问他们一些问题，我一天中最重要的事情就是聆听他们对世界的看法，那一个小时让我重新充满能量，对未来充满希望。"

李嘉诚的一句话如雷贯耳："一个人事业上再大的胜利，也补充不了教导子女失败的缺憾。"

父亲真正参与到孩子成长中，用心教导子女，是最好的选择。

02

令人遗憾的是，愿意花更多心思教导孩子的父亲，太少了，以至于"丧偶式育儿"的现象很普遍。

很多管孩子、教导孩子的重任，都扛在母亲的肩头，甚至学习育儿知识的，也多是母亲。

第 6 章
父母的关系,是孩子起跑的土壤

即便如此,也不用灰心,母亲同样能够助力父亲改变,能够让自己的家庭告别"丧偶式育儿"的状态。

有一个耳熟能详的组合词:"责权利",责任、权利、利益。

责、权、利是连在一起,不可分割的。用在育儿中也一样。

当妈妈的,都希望爸爸能够负起主动带孩子的责任。最有效的方法是,给爸爸更多的权利。

有一个很有意思的现象,咱们绝大多数中国家庭,关于孩子的事情,都是妈妈说了算,报什么兴趣班、穿什么、去哪玩、怎么教,都是妈妈说了算,妈妈做决定。爸爸是无权参与的。

所以很多家庭的口头禅是:"问孩子他妈。"

爸爸自己也在这样的氛围中成长,家里也都是他的妈妈说了算,所以他也会从小觉得,带孩子、管孩子、负责孩子,就该是妈妈说了算。

但一切都不晚,如果从现在开始,妈妈能够给爸爸足够的权利,爸爸会越来越主动对孩子的事情负责,主动管孩子带孩子。

很多妈妈说:"他根本不管,我才管的,要是都不管,孩子怎么办。他不管,当然是我说了算。"

其实,爸爸在对孩子的事情提出看法时,就是在管孩子和参与,但很多时候,因为妈妈自己的意愿很强,也总觉得爸爸不会管,爸爸不懂,爸爸又不学育儿,所以根本就不愿意听爸爸的。这就导致了爸爸越来越不愿参与,因为觉得妈妈和孩子根本都不需要自己。

妈妈如果想要爸爸多参与到育儿中来,就应该从现在开始把权利多交到爸爸的手中,关于孩子的大小事,都不再自己一个人做决定,而是先问孩子的爸爸,凡事先跟孩子的爸爸商量,并且以孩子的爸爸决定为主，不管你心里多觉得爸爸是错的，都要让爸爸做决定。这不是对孩子不负责，恰恰是对孩子最好的负责。因为孩子不仅需要妈妈，更迫切地需要爸爸。

03

权利有多大，责任就有多大。

爸爸在管孩子的事上越有决定权，爸爸越会乐意参与，也不由自主地参与。而且他因为有这个责任，也会越来越慎重做各项决定，会选择对孩子更好的方式。所以，如果刚开始的时候，爸爸做得不好的地方，爸爸决定错了的时候，也不要指责爸爸，不要说：你看你，根本就不会带孩子，根本就是错的，不如我来。那么结果，就有可能是爸爸越来越不愿参与。

但是如果相反，爸爸做错了，也不说什么。爸爸自己就会反思，就会改进，这样的他才会像你所希望的那样主动去学习，去成长。你也会发现，也会由衷地觉得，爸爸真的很棒，爸爸的决定其实真的很棒。

这是一个不会很久的过程。从今天就开始，试着问爸爸："今天我们带孩子去哪里玩呀？""要不要给孩子买这件衣服？要不要给孩子买这个玩具？要不要给孩子报兴趣班？"包括让孩子睡觉的时间，等等，所有的全部，全都先问爸爸。

你会发现，最后你真的太轻松了，也不会再是焦虑烦躁的妈妈，爸爸会越来越主动参与孩子的事情，而且你也不用担心做了错误的决定而后悔自责，因为需要负责的是爸爸。

第 6 章
父母的关系，是孩子起跑的土壤

即便爸爸在外地上班，也不影响让爸爸负责。这期间关于孩子的事，都可以跟他讲，也都先问问他。他的参与度就会越来越高，主动会想什么对孩子最好。

妈妈不要自己把所有的责任担着，不要舍不得放权。

责权利的利，也就是说好处。对爸爸来说，妈妈和孩子能给的最大的好处是什么？他内心最深的需要是什么？其实并不是什么都不做，那样爸爸内心的感觉其实是无所适从的。而是妈妈和孩子发自内心的称赞和认可，是妈妈和孩子的崇拜，是妈妈的笑脸、孩子的健康成长。妈妈只要多给爸爸这样的好处，多引导孩子给爸爸这样的好处，爸爸就会积极主动地参与到育儿中。

不管爸爸对孩子做了什么事，即便是妈妈提出来做的，不情不愿做的，也要多多夸奖爸爸。爸爸下次就会很乐意地去做。开始习惯一个口头禅："你对孩子太好了，你真是世界上最好的爸爸！"多在孩子面前讲爸爸的好处，让孩子觉得，爸爸真的太好了。妈妈和孩子的夸奖，能使爸爸像永动机一样，浑身充满劲。

用埋怨、指责、要求的方式，期待爸爸参与育儿过程，实践证明，这条路行不通。

但若给爸爸所有的权利，并且不断夸奖他，就能让他从以前经历的妈妈说了算、妈妈带孩子的老模式中出来，成长为一个特别负责、特别有担当、特别主动的好爸爸。

父亲，记住自己的角色。母亲，助力父亲的角色。

这样的家庭，母亲更快乐温柔，父亲更主动担当，孩子更健康成长。一切都值得。

孩子最好的起跑线,
是父母的远见

妈妈适当放手,让爸爸参与育儿

前些日子,和高先生一起,参加他十多年未见的初中同学聚会,一群人意外地被一个"超级奶爸"圈粉了。

爸爸们在一边叙旧,妈妈们带着孩子在另一边玩。

2岁的小女孩晨晨,和爸爸妈妈来得比较晚,有点认生。刚开始玩,就扯开嗓子大喊:"爸爸!"她爸爸瞬间就过来了,问:"宝贝,怎么了?"

知道女儿并没什么事,他便柔声说:"晨晨乖,和妈妈姐姐们玩着,有事叫爸爸。"

晨晨点头,一会儿又扯着嗓门大喊:"爸爸!"和同学们正聊得欢快的爸爸,腾地一下又起身,过来了。

晨晨要爸爸抱,指着门口,他说:"爸爸带你出去玩会儿吧。"就这样把一群老同学撇下了。

晨晨的妈妈说,孩子就跟"爸宝娃"似的,非要爸爸,一点都不亲她。

多少家庭,都是妈妈带孩子,更别说这种跟着爸爸参加的聚会了,这里竟有一个随时围着女儿转、随时能离开聊桌酒桌饭桌的"超级奶爸"!

想了十多年、终于一聚的同学情,也敌不过孩子喊一声"爸爸!"

哪个妈妈不想家中有这样的"超级奶爸",不想自己的孩子成为"爸宝娃"呢?

也许,能做到这种程度的爸爸,太少了。但至少有些事,可以请妈妈走开,让爸爸来做。

让爸爸抱孩子

高先生也是好爸爸,我们家总是他抱孩子。

孩子刚出生时,软软的、小小的,他不敢抱,我鼓励他:"你比我细心,肯定更会抱,而且你手掌大,抱着孩子多稳呀。"

很快,他就喜欢上了。半夜喂奶,总是他把孩子抱给我,喂完后他再抱着拍嗝。我夸他:"你好厉害,一拍嗝就出来了。"后来换作他嘱咐我怎么小心抱。

现在,有时他刚休假回家,1岁多的依依更想妈妈抱,我就对依依说:"宝贝,你现在很重了,妈妈抱着好累,爸爸抱你。"

也对高先生撒娇:"老公,还是你抱依依吧。"若遇出门,我穿着高跟鞋,他更体贴我走路不方便。很快,依依就不再挣扎,而是享受爸爸抱得高高稳稳的感觉。

在商场坐手扶电梯时,他则一手抱果果,一手抱依依,两个孩子紧紧搂着他,笑得咯咯的。打扮得美美的我,在一边看着他们,心里暖极了。

平时,妈妈独自带孩子、抱孩子的时间已经比爸爸多了,一家人在一起时,不妨把孩子给爸爸抱。

一位研究青少年问题多年的心理学老师讲："如果你不想让你的女儿早恋，就让她的爸爸多抱抱她。"他在调查中发现，90%早恋的少女恋爱，都是因为迷恋异性温暖的怀抱。

对儿子来说，爸爸的拥抱则可以给他安全感，让他获得更多的力量、鼓励和自信心。

爸爸带孩子享受运动和游戏

在我们小区，有个爸爸经常带着儿子和小朋友一起踢球，特别投入，好像自己也变成了小孩。

也会带着孩子们玩老鹰捉小鸡的游戏，一个孩子当老鹰，他当母鸡，保护着小鸡们，他们的尖叫声、笑声、令人动容。

果果和依依最喜欢爬到高先生身上，坐着当摇摇车、滑滑梯，躺着坐飞机，高先生抱着她俩转圈圈、举高高，怎么都不愿停下来。

邻居孩子的爸爸，会带着孩子一起做创意手工，硬纸壳和纸箱做成很大的战舰，插上五星红旗，用废弃的电脑键盘做成电话号码牌，用易拉罐、几个旧玩具车的轮子，做一个真会跑的火车，被孩子妈妈夸赞是"无所不能的爸爸"。

英国著名文学家哈伯特说过：一个父亲胜过一百个校长。

爸爸带着孩子做运动和游戏，活动量更大，运动更激烈，游戏更精彩，也更具有创意和无限的可能性。

他们更会允许孩子挑战，不会总是说："不要热到了，不要跑快了。"而是让孩子尽情玩耍、运动，随意打闹、嬉戏，释放出儿童天性，让孩子的身体和动手能力得到最好的锻炼。

妈妈可以多给爸爸一些这样的机会，多夸奖爸爸说："你陪孩子

第 6 章
父母的关系，是孩子起跑的土壤

打球的样子真帅。""你这么聪明，带孩子做游戏，孩子也变得好会动脑筋。"爸爸会越来越享受和孩子的这种互动。

爸爸为孩子定规则

有天，外出吃饭，被邻桌小孩的哭声吸引了。

刚上桌，3岁多的孩子说要喝冷饮，爸爸妈妈没同意，说吃完饭再说。

孩子一听，哭闹起来，妈妈很生气："说了现在不能吃就不能吃！哭什么哭？"

孩子哭得更大声了："我就要现在吃！"

眼见着妈妈的火气更上来了，孩子爸爸对妈妈说："我来。"

爸爸对孩子说："等会吃完饭爸爸会让你吃冰激凌，但有个规则：如果你现在不好好吃饭，等会就没有了。现在爸爸妈妈要吃饭，不跟你说话了。你想哭多久都可以，反正吃完饭才有冰激凌。"

孩子继续哭，爸爸没理他，叫妈妈和他一起吃饭，两人都不看孩子，自顾自聊着天。

结果两分钟后，孩子擦干了眼泪，自己爬上凳子，乖乖吃起饭来。

吃完饭后问爸爸："爸爸，我现在可以吃冰激凌了吗？"

爸爸抱着他说："可以！"

美国心理学家发现，一个人能够取得的成就，20%取决于自身后天的努力，80%取决于他的父亲。作为孩子生命中"重要的人"，有时一句肯定的话，爸爸说出来对孩子的影响力比妈妈的更大。

妈妈对孩子的影响决定孩子能不能成为一个独立的人，爸爸则是塑造孩子对生命的看法，关系到人格的形成，将来事业是否有成，是否勇敢自信。

爸爸为孩子定规则，妈妈不必干预，也不用多说什么，更不用急着去执行规则，因为爸爸的话分量很重，爸爸也更不容易受情绪影响，更理性、坚定，这是管教孩子最好的态度。

让孩子有事找爸爸

"爸爸，我现在可以喝酸奶吗？""爸爸，我能用这个吗？"高先生在家时，果果什么都找爸爸。

即使他不在家，果果也常说："这个等我爸爸回来帮我。"小朋友到家里来玩，看见天文望远镜想玩，果果说："等我爸爸回来教我们。"

她说："我爸爸可厉害了。"在她心中，妈妈很多都不会呢。

她想扭开一个盖子，我说："哎呀，这个好紧，妈妈不好扭，请爸爸扭开吧。"她就乐呵呵去找爸爸。

她弄魔方，半天弄不好，请我帮忙，我更是抓住机会说："这个太难了，妈妈根本就不会，请我们家的英雄爸爸帮你。"

我也常在孩子面前对高先生说："老公，这个我都不会，你教教我吧。"

他不在家时，这样的话也常见："知道妈妈为什么会这个吗？因为爸爸教了我的。""我又不会弄这个了，还是爸爸厉害，等爸爸回来帮我们吧。"

这些话如今也成了果果的口头禅。因为依赖和需要，她奶声奶气喊着"爸爸爸爸"，当爸爸的哪里忍心拒绝，总是乐意放下手中的事，认真回应孩子的需求。

在孩子面前示弱,让孩子知道妈妈不是超人,不会影响妈妈在孩子心中的形象,反而会让孩子有更好的认识:爸爸是家中的英雄,妈妈和我都尊重爸爸。

当爸爸凡事被孩子需要和仰视,被妈妈称赞和肯定,就会更燃起保护欲,主动疼爱孩子和妻子,带给家庭更多的惊喜。

爸爸教孩子有家庭观念

一位育儿作家说:小时候,别的孩子放学后就在楼下玩,只有她被爸爸叫着,回家和妈妈一起做晚饭。

她觉得不公平,问:"为什么别的孩子就可以玩,我却要在这里帮妈妈做饭?"

爸爸说:"别人家是别人家的生活,在我们家,最重要的是一家人在一起。而且做饭不是妈妈一个人的事。"

渐渐,她不再羡慕别的小孩,也很享受放学回家后,和爸爸一起,在厨房给妈妈打下手,择菜、洗菜,一家三口聊着天。

她感谢爸爸让她明白:家是最重要的场所,一家人在一起最重要,家人就要互相扶持、关爱。

台湾亲子专家李长安是儿子心中真正的男人。

有一回,儿子的同学到他家做客,非常羡慕地说:"你爸爸超帅!好赞!"

儿子问:"你爸爸不帅吗?"

同学不屑地说:"我爸一回家,就躺在沙发上一动不动看电视。"

李长安帮着妻子做饭、洗碗、收拾房间,系着围裙,在家务、孩子和妻子中团团转的男人,竟在男孩眼里"超Man"。

孩子最好的起跑线，
是父母的远见

长大后，儿子给爸爸写了一封感谢信，说："谢谢您，爸爸，让我知道什么才是真正的男人。您是我的榜样。"

爸爸以家庭为重，乐于和妈妈一起做家务，带着孩子参与，不仅使一家人更有凝聚力，也让孩子有正确的家庭观，教会孩子更有责任心、有担当、会体恤人。

愿所有的家中，都有一个用心的爸爸，一个快乐的妈妈，和最幸福的孩子。